XIN LU

见贤思齐，
则层林尽染

何炜　吴晓静　编

心

路

小学生道德教育
精品案例集

安徽师范大学出版社
·芜湖·

图书在版编目(CIP)数据

心路:小学生道德教育精品案例集 / 何炜,吴晓静编. — 芜湖:安徽师范大学出版社,2017.8

ISBN 978-7-5676-3021-5

Ⅰ.①心… Ⅱ.①何… ②吴… Ⅲ.①品德教育-教案(教育)-小学 Ⅳ.①G621.6

中国版本图书馆CIP数据核字(2017)第159289号

心 路——小学生道德教育精品案例集

何 炜 吴晓静 编

责任编辑:舒贵波

装帧设计:丁奕奕

出版发行:安徽师范大学出版社

芜湖市九华南路189号安徽师范大学花津校区

网 址:http://www.ahnupress.com/

发 行 部:0553-3883578 5910327 5910310(传真)

印 刷:虎彩印艺股份有限公司

版 次:2017年8月第1版

印 次:2017年8月第1次印刷

规 格:700 mm×1000 mm 1/16

印 张:13

字 数:230千字

书 号:ISBN 978-7-5676-3021-5

定 价:37.50元

如发现印装质量问题,影响阅读,请与发行部联系调换。

序

路，在脚下

欣闻庐阳区何炜名师工作室《心路》即将出版，作为工作室成长路上的见证者，我为身边有这样一群热爱德育、扎根课堂、善于反思、勤于笔耕的德育工作者点赞！

三年前，以"追求生命的教育"为信念，以"创新多彩的德育课堂"为目标，庐阳区率先成立了以学科研究为核心内容，以省、市名师为牵头人的名师工作室。何炜名师工作室凝聚了一批心怀梦想、志同道合的老师，共同聆听儿童真实的心声，架起儿童成长的桥梁。工作室的成立也为合肥庐阳小学品德教学的田园带来了源头活水、生命欢歌。

三年来，何炜名师工作室以教学研讨为主阵地，以课题研究为载体，以网络研修为沟通交流的平台，落实立德树人的根本任务，自觉地践行和培育社会主义核心价值观，创造性地开展一系列教学研究工作。通过专家指导、名师引领、团队合作、活动分享、外出学习等，他们的视野开阔了，理念更新了，素养提高了，自觉地做学生锤炼品格、学习知识、创新思维、奉献祖国的引路人，一批骨干教师脱颖而出。工作室成员在特级教师何炜的带领下，不断丰富教育内容、创新教育载体、增强教育效果。全体成员勇于实践，勤于笔耕，三年的心血凝结为《心路》作品集。

翻开这本书，既有一篇篇老师们用真情谱写的爱的故事，也有一个个来自课堂教学一线的典型案例，有的温暖，有的睿智，有的创新，有的发人深省……仿佛在我面前打开了一扇心灵之窗。看似平凡质朴的教育故事中却蕴涵着先进的教育理念，凝聚了工作室每一位老师对教育的爱心、热心、诚心和智慧，犹如一串串德育音符，共同谱写德育赞歌。

叶澜教授曾说过，一个教师写一辈子教案不一定成为名师，如果一个教师写三年反思有可能成为名师。几番磨琢方成器，三载耕耘自见功。相信《心路》的问世能引起更多同行的思考和关注，能激发更多的品德老师认真教学、善于反思、乐于动笔、汇聚智慧。有志始知蓬莱近，无为总觉咫尺远。

有想法的老师才会主动探索，探索就要付出艰辛的汗水，汗水终会换来甘甜的收获。勤奋出天才，实践出真知，期待何炜名师工作室有更多的后续佳作！

戴厚文

二〇一七年三月七日

前　言

追求生命的教育，创新多彩的德育课堂
——何炜名师工作室

2013年9月6日，在庐阳区庆祝第29个教师节表彰大会上，庐阳区首届名师命名大会也同时举行，十二个名师工作室正式揭牌，何炜名师工作室就是其中之一。

工作室成员第一次活动的全家福

这是工作室成员第一次活动的全家福。这是一个积极阳光的优秀团队。他们中有市级和区级品德学科骨干教师，有庐阳区品德学科教学能手，有国家级、省级赛课、论文一等奖的获得者。工作室还聘请了庐阳区教育体育局品德学科兼职教研员吴晓静老师担任本工作室的顾问。作为工作室的负责人，能和他们一起学习、共同成长，我深感荣幸。

工作室以"追求生命的教育"为信念，以"创新多彩的德育课堂"为目标，凝聚心怀梦想、志同道合的老师，共同聆听儿童真实的声音，让儿童快乐地成长，为合肥庐阳小学德育的田园带来思想的放飞、生命的欢歌。

工作室以教学研讨为主要内容，以课题研究为重要载体，以网络研修为

沟通交流的平台，在庐阳区教育体育局"名师工作室领导小组"的领导下，自主开展系列教学教研工作。通过专家指导、名师引领、团队合作、活动竞争等，发挥每一个成员的创造潜能，实现每一个成员个人专业技术水平的发展和思想理论境界的提升，使其逐步成为区级（及以上）名师、骨干教师、教坛新星、学科带头人等后备力量。

具体年度目标及任务：2013—2014年度，组织成员学习教育教学相关专著，形成电子读书笔记；确立研究课题，做好申报、立项、开题等相关工作；组织成员参加各级各类课例评比，并进行专题研讨，形成"生命课堂"理念指导下的品德课堂教学实践研究短篇专辑。2014—2015年度，深入推进课题研究工作；组织成员学习考察，观察成员课例，研究教育细节，形成研究专辑《细节决定成败——我的教育反思》。2015—2016年度，展示成员风采，形成"生命课堂"教学风格和基本模式，推广研究成果，辐射工作室教育教学思想，形成工作室研究专辑《心路——小学生道德教育精品案例集》。

工作室结合每一位老师的个人专业成长，对其总体宏观期望是：爱自己，爱生活，爱儿童，爱教育——拥有阳光心态；爱文学，爱艺术，爱读书，爱学习——具有成长潜力；爱集体，爱他人，爱交流，爱奉献——具备合作精神；爱写作，爱展示，爱磨炼，爱打拼——富有进取之心。

首先工作室制订成长规划。个人成长规划与工作室发展规划相契合，依据工作室年度目标制订并调整个人三年主动发展规划，规划目标和内容要具体，并且有对应的制约策略，以便督促个人的成长。然后，加强理论学习。由工作室主持人推荐必读书目和选读书目，形成电子读书笔记，定期进行网上读书交流活动。采取焦点荟萃、头脑风暴等形式，将"生命课堂"的理念融入课堂教学模式的具体实施与总结归纳中。在学习的过程中，立足教学实践。搭建学习、交流、实践的平台，以"走出去、请进来"的模式，走近专家，聆听智慧；走近同仁，分享成果；走进内心，懂得自我。采用多样方式，展示成员教学风采，历练成员在不断的磨课中、在各级各类大赛中迅速成长，形成自我风格，实践生命课堂理念。

同时，开展课题研究，开辟网络平台。课题专项研究中，工作室主张以课例促科研，以反思促成长，在发现问题、解决问题、重新审度的过程中，科学理智地面对课堂，分析课堂中反映的教学思想和理念，总结提升"生命课堂"的概念和模式。以工作室网站为信息发布、网络交流的载体，实时播报工作室团队建设、工作动态、教学研修、课题研究、观点聚焦、学生风采等。既丰富了课程资源，又加强了教法学法探讨，引领工作室成员在理性思考中审度自己的课堂。

短短三年时间，工作室的成长如"小荷才露尖尖角"般令人欢喜。

读书成为一种习惯。欧阳修说，"立身以立学为先，立学以读书为本。"读书真的能使人心明眼亮。工作室为每一位成员订阅了一本学科权威杂志《中小学德育》，购买了全美最佳教师雷夫的《第56号教室的奇迹》，还有张云鹰校长的专著《开放式教育》，拓宽大家的教育文化视野。

恰逢庐阳区教育体育局和《当代教育家》杂志社联合举办的"雷夫庐阳行"专题讲座在安徽大剧院举行。我们立即购票，召集大家前往学习。整整一天的讲座中，雷夫老师幽默风趣的话语和体态，视频短片中那充满生命能量的课堂，让我们意犹未尽。这位缔造教育神话的好老师，向我们诠释了什么才是真正的教育大爱。把终身受用的生活能力和技巧教给学生，把支持一生积极生活的精神力量传递给学生，这才是好老师。我们结合讲座再一次细读他的书，撰写读书笔记与心灵对话，在反思中获得启迪。

倾听成为一种尊重。团队合作时最宝贵的是彼此尊重，双向沟通。不是单纯地向别人灌输自己的思想，更应该学会积极地倾听，以求达成思想一致、感情通畅。工作室成员之间没有顾虑地互通有无，才能让彼此真实面对自我，对课堂的理解和把握才不至于错过最有效的评价指导。例如，关于现代教育技术在教育教学中带来的革新，一直以来都有争议。我们在课例中进行研讨，发现信息技术创新了教与学的互动，让难点变为孩子们的兴趣点，自主探究。

探究成为一种分享。工作室成员每人都有自己的成功课例，在专题研讨之后，大家同课异构，不同风格的教师有不同的设计构思，也同时针对不同特点的学生，创造了不同风格的课堂。尤其是结合庐阳区第六届品德学科教学赛课，每位参赛老师的教学过程都进行了随堂实录。工作室活动时，研究视频、研究课堂，大家分享的是对学生的尊重，对生命课堂的基本理解。

进修成为一种福利。作为合肥市教育家培养对象，我充分体会到进修学习不再是苦差事，而是一种人人渴求的福利。例如，参加清华大学高级研修班的学习，来自清华大学的副校长、百家讲坛的教授、清华北大常年客座教授等十几场高品位的讲座，以及来自南京师范大学教授的面授指导，都让我大开眼界，既感慨路漫漫其修远兮，又倍感幸福，看到为教育理想奋斗一生的前辈们，我们懂得教育的大道上自己并不孤单。

工作室特色专题活动让德育研究春意盎然。

以观点聚焦，设计特色专题。如：我们邀请了省教科院教研室汤玉璋老师、市教育局教研室戴厚文老师参与一个专题研讨——《"电子白板"赋予品德课堂的生命力》。在全国SMART交互式电子白板历届课堂评比中获得一等奖的两节课——《我的祖国多辽阔》和《学看平面图》，并进行了录像和现场课的展示。

以区域碰撞，设计特色专题。如：《品课例，听讲座》专题研讨，契合合肥市品德学科年会，举办了一场学科盛宴。来自合肥市、庐阳区、瑶海区、蜀山区、政务区、滨湖等地的教研员、老师，汇聚一堂，谈课标、论基本功、议思想、看未来。

以精英荟萃，设计特色专题。如：《"头脑风暴"之后的智慧聆听》专题研讨，是结合庐阳区教学能手课堂教学汇报课，约请省市级专家老师评点品德教师基本素养。

以学术节创意，设计特色专题。如：庐阳首届"学术节"，本工作室《聚焦品德课程资源，关注儿童课堂成长》专题研讨会。我们邀请江苏省特级教师唐隽菁校长现场授课并讲座，本工作室成员葛卫玲——我们庐阳教育新秀也进行了现场授课。这种跨省界的合作交流，让工作室的发展得以横向延伸。

忙忙碌碌中我们都在向前走。

孙明蕊老师，主动承担青蓝工程工作，所指导的老师在"2014年新媒体技术教学应用研讨会暨第七届全国中小学互动课堂教学实践观摩活动"教学课评比中，喜获国家级一等奖，并将参加大赛的现场展示活动。

金晓敏老师认真上好常态课，努力打造精品课，积极参加"送教下乡"活动。

王艳老师，在庐阳区第六届课堂教学评比中获得一等奖，并被评为"教学能手"。主动承担合肥市小学品德教学观摩研讨课，获得听课教师及专家一致好评。

葛卫玲老师，在工作室的带领下，踊跃参加各种活动，教学永葆"进取心"，在教学实践中不断磨炼，被评为庐阳区"骨干教师"。

……

正如工作室里的杨玲老师所说："也许牵了手的手，日子将会更忙碌，但是有了伴的路，行走将会更快乐。"

教育前行的步伐永不止步。下一步工作关键词很多：微课——制作自主学习互动课件；翻转——调查问卷，以现状及实际困惑为起点；把脉——深入学校教研，专家实地考察评析；提炼——结合个人课例，阐述对生命课堂的理解；等等。

让我们肩并肩，手挽手，迎接花开！在相互呵护中催发对事业的追求与教育的睿智，不断地认识自我、完善自我、超越自我，践行师德的高尚者、课改的推进者、教研的探索者、教学的引领者、人文精神的撒播者。

相信：见贤思齐，则层林尽染！

二〇一六年十月

目 录
Contents

爱 的 教 育

德 育 课 堂

爱 的 教 育

爱在左，同情在右，走在生命路的两旁，随时撒种，随时开花，将这一径长途点缀得香花弥漫，使得穿枝拂叶的人，踏着荆棘，不觉痛苦；有泪可落，也不是悲凉。

——冰心

心　路

　　何炜，本科，汉语言文学专业，学士学位，合肥市南门小学副校长，安徽省特级教师，安徽省师德先进个人，合肥市专业技术拔尖人才（政府津贴）。课堂教学多次获国家、省、市级一等奖；参与编写及修订安徽省小学品德学科教材及教学用书多本；多次担任国家级、省级课题子课题组长，撰写课题报告、论文等多次获全国一等奖；在国家级报刊《小学德育》《中国少年儿童研究》等发表文章多篇。

　　因为喜欢孩子，我觉得自己很适合当老师。这份工作很特殊、很美好，因为你能清晰地看到你的价值。比如你的微笑能让一个紧张局促的孩子慢慢放下包袱，你的一句鼓励能改变一个孩子的成长足迹，你的轻声细语能让一个孩子多一份自信……你所传递的教育力量在最纯真的孩子身上呈现出太多的奇迹。这种工作的成就感、满足感让我很享受，也让我一路成长。回想自己读书时也知遇了很多老师，有让我温暖的、敬畏的、反感的、内疚的……当自己从事了教育工作后，才深深理解他们当初的付出。若你能带着感情来做教师这份职业，那么教学相长——教育孩子的过程中，你也成就了自己。从这方面讲，我很感谢我的学生。

　　虽然曾经想过换工作，尤其是身心疲惫的时候——想着工作能不能轻松一点儿，能有时间照顾家里，有精力关注自己的孩子，能游历山水，感受各地风土人情……但这样的念头通常仅仅一念之间，因为没时间再多想，手头的事儿太多了，尤其是孩子们会三三两两地来到办公室，亲密地跟我说话，报告好消息、坏消息、有趣的事儿、无聊的事儿，每一节课间都有"小不点儿"如期而至。我想很多老师都和我一样，即便看上去是一成不变的教学生活，其实每一天都过得不一样，孩子会创造新鲜，一张张小嘴巴叽里呱啦地总喜欢和你说话，会让你的心态永远年轻，每天经历着欣喜、感动、激动，当然还有紧张、惊恐、挫败、失落。这一切还没细致地一一感悟，我们内心真没有空余的地儿去想"挪窝"的事了。

从年轻时的自己，历练到现在应该算是学校的老教师了，一路走来除了鲜花和掌声，也有很多教育失误的坎儿不堪回首。比如因为太在意学生成绩、太重视班级荣誉而情绪失控，只想着"培养"却忘了"了解"；遇事不冷静，急于看到结果，却失去了孩子对我的信任底线，让心远离，只留下师道尊严……做老师的，真应该时不时回头看看，品味心路风景的同时，不断地反思教育言行。反思利于更好地前行，一辈子的工作其实也是一辈子的学习。

教书育人，对教师来说也是对自我身心洗礼的一个过程。孩子，其实很了不起。面对他们，你会发现很多时候自己还不如一个孩子。他们会用最单纯的反馈，来教育感化我们成年人。很多老师都有一个发现，毕业后回来看老师的孩子中，那些你经常批评得咬牙切齿的孩子和你最亲，即便因为你的急躁、粗暴而受到伤害的孩子，竟然也来看望你，他们的包容、感激会让你特别惭愧，你会在心里懊悔：当初能对他（她）温柔一点儿就好了，能再多给他（她）一些机会，再等等他（她）就好了。我今年带的二年级学生特别可爱，有很多孩子下课都喜欢到我办公室，围着我说话，或者隔着窗子和我打招呼，直到上课铃声打响，伴随着他们的不舍，是我的如释重负。有时候真的很忙，听他们说话时，眼睛都不能好好对视一下。有一次，我很不好意思地说："何老师今天事儿有点儿多，原谅老师不能看着你们说话啦，老师会用耳朵听的。"孩子们立即懂事地回应，还帮我整理桌上的书本作业，下节课下课还会来问你："何老师，有没有要帮忙的？"他们的体谅和关心让我心生愧疚：工作的繁重压力为何变相成为对孩子爱的剥夺，育人才是我最应该做的大事啊。每每想到这儿，再看到那些小脸蛋相迎，我会停下手中的笔，和他们踏实地聊一聊。

我曾去大连甘井子区实验小学参观学习，这所学校的办学理念让我难忘——温暖教育。校长叫李巍，是辽宁省的特级教师，也是一位享受市政府特殊津贴的专家型校长。爱的教育在她的校园里处处可见。学校的孩子们都亲切地称呼她"老猫校长"，学校师生共同编写的一本关于"猫咪"眼中的温暖教育绘本《亲爱的小鱼》，每一张随机抓拍的照片背后都有故事，其中的主人翁都是学校的孩子和最普通的教职员工。学校里没有值周学生，不给班级评优劣；没有量化考核，不给老师分等级；没有有偿家教，不给学生家庭增加经济负担。用李校长的话来说，基础教育就是持久良好的养成教育，而温暖教育是让养成教育变成有温度的教育，他们正用第一个五年时间打造一个让学生没有恐惧感，让老师乐在其中的课堂。我也期待教育能真正做到能为孩子舍得花时间，成为一种温暖教育。

　　从教22年了，和学生之间难忘的事儿有很多。就说现在这届学生吧！我们班有一个小女生，性格很高傲。有一次做眼保健操，不知道闹什么别扭，就是不做，还敌视着老师和小班干。我请她到办公室，怎么问她都不说话，低垂着眼睛不看我。我说："老师和你说话，有礼貌的孩子应该看着老师的眼睛。"这下好了，她开始360°地转动眼珠，丝毫不给我面子。于是，我装作生气地说："时间很宝贵的，你要是再不说话，老师也帮不了你！"可倔强的她扭过头去，仍然一言不发。我只好改变态度，轻轻趴在她耳边说："我们换个安静的地方谈话好吗？如果你愿意，你就点点头，不愿意，就……"还没等我说完，她就点点头，我高兴地看着她看我的眼睛，牵着她来到操场的树荫下。刚下的雨，地面还湿漉漉的，小石凳上也是水珠。我说："凳子还是湿的，咱们蹲下来说话吧！"她听话地和我一起蹲下。我问："现在可以告诉何老师，为什么不做眼保健操了吧？"她抿着嘴没出声儿，似乎在想怎么说。我接着试探："是小班干的态度不好吗？还是……"我完全没有料到的是，她"哇"的一声大哭起来，过了好一会儿，才透过气儿似的一边哭一边唏嘘着："我……我就是……不服，他……他根本不配……做班干！他下课……时，老追着我们……打，好烦人……"终于打开话匣子的她，说了好多委屈啊！

　　事后我就在想，如果当初只是简单粗暴地评判对错，能看到问题的实质吗？孩子心灵的伤痛是不是要背很久？小朋友之间的矛盾会不会越积越重？所以就像我前面提到的，真的要给孩子多一点时间，耐心等待他们成长，你才不会错过最真挚、最美好的蜕变。

家庭教育亦如此。虽说"惯子不孝，肥田出瘪稻"，但"棍棒底下出孝子"的观念真不适应当下。一味地武力征服，会毁了孩子和家长自己。其实，家长立威，不如立规。受家长推荐读过一本《孩子，挑战》（鲁道夫·德雷克斯，薇姬·索尔兹著），这是一部儿童心理学奠基之作，引导现代父母面对现代社会环境，如何在尊重孩子、给孩子平等自由的同时，让孩子尊重规则、承担责任、赢得合作。这本书中推荐的方法能有效地解决亲子之间的冲突。这方法基于著名心理学家阿尔弗雷德·阿德勒的生活哲学理念及人类生活观。既不建议家长纵容孩子，也不建议家长严惩孩子，而是成为孩子的合作者。个人觉得，这本书对于父母来说，读得越早越好，尽早地在家庭中建立规则，会有效避免教育失误而造成的亲子关系恶化及其恶性循环，有些失误你可能暂时还看不见。

中国是个重视德育的国家。但很多学校重视文化课教育，德育课程得不到应有的重视。家长们忽略孩子的心路成长，通常最关注的还是孩子的应试学业成绩。其实人的一生中，道德品行的修得，学习生活的能力，与人交往的准则，什么态度、什么方式做人做事等更重要。好好做人、好好做事、好好相处、好好生活，尽力做好自己，才是家长们最应该关心的，这是给予孩子未来发展最核心的素养。教育问题很多时候也是社会问题，需要大德育理念架构的环境。比如，孩子在学校受到的教育是遵守规则、保护环境、友爱谦让，走到大街上，却耳濡目染成年人的闯红灯、乱吐痰、车窗抛物、野蛮争抢，孩子的道德架构必然发生扭曲，在思想道德和个人利益之间失去平衡。成年人应该成为未成年人的榜样，但现实生活中一些成年人的道德认识还不如一个幼儿园的娃娃。国家近年来提出的学习并传承中华民族传统文化，其实就是一种德育呼唤、德育回归。我们也期待着家庭、学校、社会形成合力，共同培育孩子道德情操成长的土壤，让教育者和受教育者的心路，都充满甜蜜。

孩子，加油！

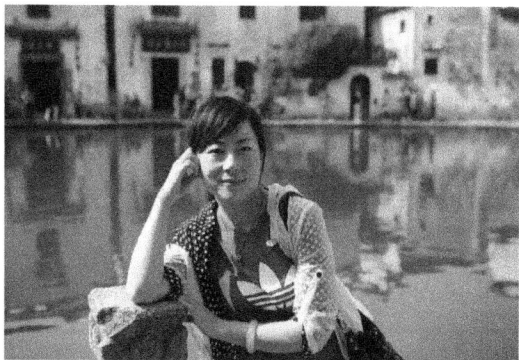

吴晓静，女，本科学历，1996年参加工作，特级教师，六安路小学教导处副主任，曾荣获安徽省优秀辅导员，安徽省第三届教坛新星，合肥市教学能手等称号；参与编写合肥市《中小学生科学和人文素养读本》《安全教育读本》等教材；参与国家级课题"网络环境下小学生"，省级课题"小课题，跟进式"教研模式的构建与研究。

惊闻我们班学生东的妈妈于今天上午离世，想到早上在课堂上我还在读他写妈妈的日记：默默写张纸条折成一架纸飞机，想给远在上海医院里的妈妈送去一份祝福，并悄悄地许下心愿，希望妈妈能挺过来。可是没想到……

孩子妈妈病了两年多了，从我一年级带这个班第一次见到她到最后一次见面，尽管她一次比一次憔悴，但脸上始终带着微笑，那份对儿子的爱溢于言表。一位坚强的妈妈，一双可爱的儿女，姐弟俩都离不开妈妈。记得我最近一次和她通电话是九月份，她在上海医院，已经整整两个月都靠输液维持生命，但心里放不下孩子，发短信告诉我能不能劝劝儿子改改他的坏脾气。于是，我给她回了电话。电话那头声音是那么虚弱，但却只字未提自己与日无多，似乎始终有个信念在支撑她：我不会倒下！

国庆节期间，东到病房看到了妈妈，放假回来的第一天，他就哭着告诉我，医生说妈妈估计闯不过这一关了，活下去的希望只有百分之一。我推荐的《天蓝色的彼岸》这本书正好讲述死去灵魂的故事，小家伙也利用假期读完了，也许是有这些经历，他对书中的情节有了一份特殊的理解。"吴老师，人死了真的会像故事里的主人公一样，灵魂暂时不离开，会在他曾经生活的地方走一走看一看吗？"我说："是的，很有可能。因为每个人都留恋活着的世界，多希望自己再看看没有来得及珍惜的人和事，虽然这只是本小说，但是它在提醒我们：珍惜生命，善待活着的每个人。好孩子，加油！我会不停地向妈妈报告你的好消息。你现在的任务就是不要想妈妈，别挂念她，妈妈在与病魔抗争，你在和自己抗争，努力克服焦躁的性格弱点，等妈妈回来时，让她看到一个全新的你，好吗？"

下午，东捧着日记本，噙着眼泪，在校门口等着我。我一进来，他就走上前，我立刻意识到不妙。他红着眼圈说："吴老师，我妈妈今天上午十点钟走了！我还给妈妈用书法写了好多字，准备让爸爸带去给她看呢！我写了'妈妈你爱我吗？我好爱你'。可是妈妈还没有看到，她怎么就走了呢？我心里好难过，我中午给妈妈写了一篇日记。"

我拉着不停啜泣的东来到办公室，翻开日记本，孩子用工整的字诉说对妈妈的思念：亲爱的妈妈，你是那么坚强，可是你怎么就这样走了呢？我好想你呀！我不知道你会不会上天堂，我希望妈妈你能上天堂。在你到天堂去之前，你还来不来看看我呢……

很多文字我看不清也看不下去了，因为眼泪已经让我的双眼模糊。我把东轻轻拥入怀中，什么也说不出。小家伙还在抽泣着："吴老师，你告诉我，到底有没有灵魂，妈妈能不能来看我？"我点点头。"我现在最想要一张妈妈的照片，有没有什么方法把妈妈照片和我们全家福合成？"我点点头。"现在我再也见不到妈妈了，爸爸答应我会把妈妈的遗物留下来，到时候我想她就只能看这些了……"我点点头。

我不知道说什么！作为母亲，我能想象出孩子妈妈生命弥留之际的万般不舍！作为母亲，我难以想象，与这个世界告别时的无限依恋！都说有妈的孩子是个宝！是呀，今后，东……

其实，在之前的日记里，我断断续续了解，东妈妈早在孩子一岁多时就生病了，只是那时的东什么都不懂。渐渐的，孩子懂事了，在他的成长中，看到的就是妈妈隔三差五去上海，吃中药，做介入，最后干脆卧床打点滴。

一路走来，孩子始终揪着心，随时担心妈妈会离开自己。记得一年级时，我们上品德课，说到我的家人，东就无限骄傲地夸自己的妈妈漂亮温柔。那时，他最喜欢做的事情就是画幅画，写上歪歪倒倒的拼音，表达爱妈妈的想法，让妈妈带着这些到上海做治疗。因为每次妈妈一去就是半个月，母子之间聚少离多。二年级时，在我读《狐狸的钱袋》时，当我读到生命的消逝，东竟然在课堂上号啕大哭。他控制不住自己的情绪，大声哭诉着：我怕我妈妈有一天也像故事里的爷爷那样死掉！我不想！为此，我特地结合这个故事，告诉孩子们，死亡和出生同样是自然规律，我们无法改变，所以好好活着最重要！可毕竟是二年级的孩子，他哪里能看透生死呀！这学期，一次课讲到用"迫不及待"造句，那是东又一次落泪，他造的句子是：我一下火车就迫不及待往医院赶，因为我太想我的妈妈了，我要去看看她。他哽咽着说出句子，然后就趴在桌子上痛哭起来。我没有制止，因为哭也是一种宣泄。

今天，在办公室里，他在哭，我也在哭。看到这样一个可爱的孩子，作为母亲的我只能对自己说：好好活着，好好爱自己！不要让我的孩子早早体验这样的痛苦！

路还要走，生活还要继续，东，加油呀！当你累了倦了，可以到我这里来，我也会给你一个妈妈般的拥抱。

挫折是一种磨难，经历可以带来成长。东，别怕，也许这就是对你人生的最大考验。拿出男子汉的坚强，学学妈妈，她在最后这段日子给你树立了榜样！

生命终将消逝，离开意味着放下，东东妈妈，静静地闭上眼睛吧，你终于解脱了，再也不用遭受疾病的折磨了。你的美丽永远留在孩子心中，你的微笑永远记在孩子心中，你的坚强是给孩子上的最棒的一课！

一群天真的孩子

崔敏，南门小学党支部书记，中学高级教师，安徽省骨干校长，安徽省"成长与心理"教材编写委员会成员，合肥市首届督学。其以"坚持育人为本，创办特色学校"为办学目标，以"塑造儿童适应社会需要的健康人格，关注每个学生的终身发展"为育人宗旨，践行"和谐、关爱、成长"的内涵思想，形成并发展了"关爱"教育的特色理念，取得了显著成绩，先后荣获全国一级"星星火炬"奖章，合肥市优秀教育工作者，全国"双有"活动先进个人等荣誉称号。

每一天都是忙碌的，而每一天的忙碌又是那样有序的，充满了新的气象。作为校长，在愉快的情境中完成一天的工作后，又将带着思考、带着寻求、带着梦想，用一种新的心态，去迎接崭新的明天。

这天上午，我正沉思在学校新的发展规划中，一群孩子仿佛一团旋风般，冲进了我的办公室。顿时，二十余平方米的屋子里立刻沸腾起来。四五十名孩子七嘴八舌地说着这样的事——"校长，我的书被偷走了""我的笔也被拿走了""我的文具盒被抢去了"……我皱着眉头问："他是谁？"孩子们齐声说："小叶（化名）！他……他还在班级里解大便！"

原来是他，我的眉头舒展开来——这群孩子均是四年级（2）班的学生，小叶也是该班学生。小叶同学是我校"随班就读"的一名实验学生。1997年，英国救助儿童会与安徽省教育厅进行了一项"特殊儿童随班就读一体化"实验，即在普通班级中安排智力障碍、肢残等儿童随班就读。我校参与了这项课题的研究，在实验中摸索出许多有益的做法，得到了有关专家和英国救助儿童会专家的认可，取得了较好的效果。为了让这些特殊儿童及其家长从困扰中解脱，使他们得到最大的安慰，许多老师献出了爱，付出了大量的心血和努力，给这些孩子提供了融入正常生活的空间和平台，为他们送去了一片灿烂的阳光。小叶同学就是二年级时从外地慕名而来的。同学们所说的类似情形在学校经常发生，老师也都及时解决，本次事件不过是九牛一毛罢了。

面对这群孩子，听着他们"激动"的诉说，我的眼前立刻浮现出他们所说的小叶同学。这时，我用手势对他们嘘了一下，全场立刻安静下来，每个孩子都用清澈的眼神期待着我的裁决。我带着微笑，温和地问他们，"你们每个人都遭到了小叶同学的'洗劫'？"

"对！"孩子们异口同声。

"小叶同学是个什么样的孩子，你们知道吗？"

"知道，是我们班的'特殊儿童'。"

"那你们认为小叶同学是故意做这些破坏性的举动吗？"

"不是……是，是因为他有'病'。"孩子们不太情愿地说。

"那你们认为对待这样的同学，应该怎样？"

"要……要去关心他，帮助他。"

"你们都知道小叶同学是个特殊的孩子，那么对他所犯的错误，你们认为应该怎样呢？"

"嗯……那就算了吧！应该原谅他！"

这时屋子里一片哗然，孩子们议论纷纷。

忽然，一个同学大声说道："校长，小叶同学老是这样搞破坏，我们实在是受不了了！"其他同学也纷纷点头。

我微笑着看了孩子一眼，接着问："那你们有办法来解决这个问题吗？"

大家都默不作声，一个个把头低了下去。

"我有个好主意。"我环视了孩子们一下，一双双清澈的眼睛顿时亮了起来，期待着。

我接着说："我们原谅了小叶，但我们还应该想办法去关心、帮助他，让他这样的'破坏'行为在我们共同关心下得到改正，也为我们可以不再被小叶'洗劫'，更让老师了解同学之间的友爱和团结，使老师放心，也让家长放心。你们说好不好？"

孩子们来劲了，个个热血沸腾，出主意、想办法，最后班长小勇说出了一个大家都认可的办法：让全班六十多个同学组成十二个小组，从周一到周五，全方位守护小叶。这样既能防止小叶同学搞破坏，又能防止别的同学欺负小叶，还能让小叶在课间活动中参与同学们健康、文明的集体活动，让他渐渐地在正常的孩子群体中取得正常发展。我高兴地拍手叫好，孩子们也都为想出了这样的好方法激动不已，并表示从现在就做起，接着就一哄而去。

我望着这群孩子的背影，感慨万分，对他们的喜爱不禁油然而生。他们是那么的可爱，那么的纯洁，那么的天真。作为一个普通的教师，一名身负重任的校长，一位有着三十多年教龄的教育工作者，有责任、有义务在教育这面旗帜下不断探索教育的真谛。教师要和孩子平等沟通，校长要和教师平等沟通，校长更要和孩子平等交流，要和孩子们交朋友，要给孩子提供亲近的机会和平台，真正地关爱他们、宽容他们、信任他们、欣赏他们，要融入到这些纯真的孩子们中去。

教育是美好的，教育是幸福的，教育是快乐的，作为一名教育工作者更是自豪的！

他的红圈圈变多了

王艳，1996年参加工作，本科学历，小学高级教师。现担任语文、品德教学及班主任工作。谦虚好学、立志上进是王艳老师孜孜不倦的追求，凭着这种坚定的信念和执着的精神，她找到了职业幸福感，先后被评为合肥市优秀教师、庐阳区优秀教师、庐阳区优秀班主任、合肥市骨干教师。

那天中午，我正批改着孩子们的《习字册》。如往常一样，我会给作业本上书写漂亮的字画上红圈圈。班里的孩子最喜欢这些红圈圈了，每次拿到《习字册》，总会第一时间打开，数数自己得了几个红圈圈，比比谁的红圈圈多。

这一本是大涵的《习字册》，我下意识地先翻到上次的作业，看看是否订正了。谁知这一翻，一股无名之火"噌"地蹿了上来：本子上满眼的红圈圈，那稚嫩的笔迹显然是出自孩子之手。"竟然敢在本子上乱涂乱画，这孩子胆子也太大了。下午，一定要找他好好谈谈。"我气愤地自言自语。

批改完作业，将本子整理好，我不禁再次打开大涵的作业本，想着下午要怎么和他谈。虎头虎脑的大涵，比同班的孩子高出一个头，可是心智远不到同龄的孩子，要怎样才能让他明白在作业本上自己画圈是很不得当的行为呢？

想着想着，平时课间他凑到我面前聊天的情景便浮现在眼前。

"王老师，我种了好多小辣椒。"

"王老师，我的小辣椒开花了，你猜是什么颜色？"

"王老师，告诉你一件神奇的事，我在苹果里发现五角星了！"

对呀，换一种方法切苹果，看到的是五角星！换一个角度看问题，发现的将是惊喜！换一种心情去看风景，看到的将会是美好！

"为什么要自己在本子上画圈呢？"我开始把自己代入大涵的角色。"唉，今天的作业又没有得到红圈圈，我太羡慕小朋友作业本上的红圈圈了，要是我也能得到红圈圈该多好呀！要不，我自己来画吧！"于是，一页画满红圈圈的作业便诞生了。

大涵一定是这样想的！一个努力想好的孩子，我怎么能去批评他，怎么能去打消他要写好字、要得到红圈圈的美好愿望呢？我期待着下午赶快到来，我要给大涵开一次小灶，让他能够通过自己的努力得到红圈圈。

下午，我把大涵请到办公室。他一进来就看到了我桌上的《习字册》，低下了头。我冲他笑笑，摸摸他的小脑袋让他坐在我身边。随后，我给他讲起了名人刻苦钻研、勤学苦练的故事，让他知道不管做什么事，都不是想想就能成的，必须付出努力。然后，我把着他的小手，一笔一画地教他写当天学的生字，这一笔"提"要落在"横"中线上，那一笔"横"要稍稍向上斜点儿，还教他怎样把自己的名字写漂亮。

大涵一边写，一边用眼角看我的表情，尤其写了还不错的字后，还不时地问我："王老师，这个字可漂亮？"我笑着点头，给他画了一个又一个红圈圈，有的漂亮的笔画也画上红圈圈。

就在大涵越写越有劲的时候，我翻开了他的《习字册》，问他："怎样才能得到更多的红圈圈？""靠自己的努力！"大涵用力地回答。

离开办公室时，大涵非常认真地对我说："王老师，明天的作业我一定能得到红圈圈！"第二天的作业本交上来，大涵的字写得认真工整，我一连画了好多个红圈圈！这一个个鲜红的圈圈，仿佛一个个美好的小精灵在舞动。它们让大涵学到了成功的方法，也让我收获了美好的心情。

给孩子一条退路

杨玲，女，学历本科。1998年工作至今，一直担任语文、品德教学和班主任工作。自参加工作以来，她关心爱护学生，捧着一颗"爱心"，用心灵去耕耘心灵。她立足本岗，刻苦钻研业务，曾获得合肥市优秀教师、优秀班主任、教坛新星、"双走入"先进个人、优秀辅导员等称号；曾获区教学课堂教学评比一等奖；先后有几十篇教科研论文获国家、省、市、区级奖；所指导的主题队会曾获市、区特等奖。

"老师，我求求您了，求求您了！再给我一次机会吧！请您不要告诉我的爸爸妈妈！我再也不敢这样做了！求您了！"办公室里响起了撕心裂肺的哭喊声。在我的面前，那张显得痛苦异常的小脸，深深地埋进双手之中。在此之前，这个孩子甚至想跪在我的脚下。

事情是这样的：今天数学课，老师要求带一元钱开展教学活动。隽忘记带了。一向对自己要求很严格的他无法原谅自己的失误，但更让他感到担心的是如果老师发现他没带钱，会批评他，对他失望的！这是他不愿面对的。看到同桌放在桌肚中的一元钱，他决定铤而走险……然而，没想到他的举动被坐在后面的同学发现了，于是出现了开始的一幕。

面对这样一个孩子，我很矛盾。面对他的哭喊，我沉默了整整十分钟。就事情而言，他犯的错是被我列入孩子不能犯的原则性错误之一，按理是要严惩的。但他的表现让我心疼。从一入学开始，他一直是最优秀的，从学习到其他各方面表现都无可挑剔。他刚刚被高票评为"三好学生"，就等着奖状下发了。可现在，一向镇定自信的他深深地陷入恐惧和自责中。该怎么处理呢？我深思着……

惩罚，是对个人或集体的不良品德、行为作出否定的评价，目的在于控制和促使其改正不良品行，使其行为遵循正确的准则，有助于培养孩子良好的品德。如果做错了事而不加以惩罚的话，那么对这个孩子来说自然不可能有深刻的教训，下次仍然可能会犯同样的错误，这样下去只会恶性循环。但惩罚是为了削弱孩子的某些不良行为，力度一定要控制好，否则孩子会对教育者产生怨恨甚至报复的心理，适得其反。

惩罚不是目的，教育是着眼于未来的。如何将他此时的恐惧化为对老师的信任，将他此时的自责化为对以后杜绝此类问题的警示呢？

拿定了主意，我与他促膝而谈。

我对他说："看到你现在的表现，我想到了三句话：第一，男儿膝下有黄金。你刚才想下跪求饶是不应当的，我也不会让你跪。不过我能看出你认识到了事情的严重性。第二，男儿有泪不轻弹。你在这儿哭了十几分钟了，可见你非常后悔做了这件错事。我认为你的认识已经很深刻了。第三，男子汉敢做敢当。光有认识和后悔还不够，我想知道你准备如何承担这件事情的后果？"

他含着泪告诉我，他不想让父母知道，这样大家会对他失望的。实际上，这是一种不愿面对现实的想法。

为了让他对做错的事承担一定的后果，我给了他两个选择，一是告诉他的父母，获得原谅；二是取消"三好学生"称号，以示惩戒。很显然，这两个后果都不是他愿意面对的。针对他的犹豫，我帮助他分析。父母是我们的监护人，在孩子未成年前，一直要起到爱护、帮助、监督的作用。如果他能主动承认，诚恳道歉，父母一定会给他时间和机会改正的。而另一方面，从上学第一天起，他都一直以"三好学生"的标准严格要求自己，现在却因为这件事"功亏一篑"，真可惜！老师不想用这件事否定他所有的努力。我更倾向于选第一种。

经过一番思想斗争，他咬着牙说："还是告诉父母吧！不过，我想自己说。"对于他的勇气，我感到很高兴。拨通他父母的电话，将电话交给他时，我用信任的眼神鼓励他，微笑着给他鼓劲。当他再次流泪，在啜泣中向他的母亲认错时，我感觉他长大了，勇敢地面对自己，像一个有担当的男子汉了。电话挂断，他如释重负。那句"谢谢老师"透露着他对我的信任和感激。看着他轻松的背影，一种教育者的自豪感在我的心中升起。

　　面对孩子，我们总喜欢把道理讲明讲透，总觉得是对孩子的负责任。但常不自觉地将孩子逼入了死角，无路可退，陷入恐惧，产生怨恨。有时给孩子几个选择，给孩子一条退路，会取得意想不到的效果。

五味生活　精彩故事

　　葛卫玲，合肥市德育工作先进个人，区教学能手、骨干教师。2001年7月毕业于巢湖学院，同年8月进入育新小学工作至今。从教多年，一直在教育教学实践中不断磨炼，教学永葆"进取心"，教育倾注"慈爱心"，坚信只有爱学生，才能尊重、信任、理解学生，唯有如此，才能为人师。

　　教师是有故事的人，因为他们天天和有故事的学生们在一起；教师是有故事的人，因为他们每天都和学生共同编织着故事——我就是这样一位有故事的教师。我的故事没有引人入胜的开篇，没有跌宕起伏的情节，没有令人激情澎湃的高潮，更不知道有没有完美的结局。但是每一个故事都有它的味道——酸甜苦辣咸，这让我的教学生活变得有滋有味！

酸

　　中午值小饭桌不回家，我看见小涵在校门外溜达，和门卫师傅沟通了一下，让他进校来到了我的办公室。他的父母离异，妈妈在城隍庙做生意，很忙，中午经常让他一个人在家吃饭。

　　在办公室，我随口一问："中午怎么这么早就来学校了？"

　　"我没回家。"他平淡地说。

"为什么没回家，那你怎么吃饭的？"我很诧异。

"我没吃。昨天和爸爸打电话，他说中午带我去吃肯德基。刚才我在肯德基门口等了好长时间他还没来。我就给他打电话，爸爸说今天太忙就算了，改天吧！"他像没事一样轻松地说着。

我听了很心酸，就问："那你难过吗？怪爸爸吗？"

"不难过！我早有思想准备。昨天电话里爸爸的声音很疲惫，我估计今天就不行，所以有准备。爸爸也很辛苦，让他休息休息吧！"他善解人意地解释，仿佛爸爸就在他身边。

我感受到这是一个儿子对父亲的爱，虽然这滋味酸酸的。

甜

今天告诉孩子们，我给班级开微博啦，他们很高兴。早上迫不及待地告诉我他们给博客起的名字，有快乐语文、语文乐园、梦幻天堂、四（2）的美梦……我想还是用现在的名字吧，希望每一个孩子都有自己的个性，能在这片芳草地上印下自己的痕迹。自私一点的，这也是我的园地，体验着我的个性！

下午在黑板上写地址的时候，孩子们可激动了，生怕抄错了。小伟、小涵、小冠、小宇等几个机灵鬼，抄完了之后，还嚷着让我给检查一下，把把关。为了考验他们，我没答应，还调侃道："自己找门牌号，记错了你可就进不去了！"

苦

今晚的时间安排得很紧！创建了班级的博客，上传了三篇博文，有文有图，希望孩子们能喜欢；写了一篇千字的命题作文《"学习霍懋征把爱献给教育"交流体会》，作为串词也好，总结也罢，好歹对工作有个交代；最后还在这写日志。

我的心里有点苦，作为教师，这学期的任务很重，经常要把工作带回家里做，所以陪儿子的时间越来越少。都说好妈妈胜过好老师，可是现在的我却不是一个称职的妈妈。

仿佛体贴我似的，可爱的棒棒今晚很乖，不来打扰我，自己在消闲。一会玩玩小火车，一会在跑步机上运动运动，一会看看电视，劳逸结合安排得也很好，连喝奶都独自享受，不要作陪呢！

辣

阿娟是个爱看书的小姑娘。那天中午我值小饭桌，二年级的阿娟吃完饭后，看见我在办公室休息，便探头探脑地走进办公室，小声地对我说："葛老师，我想找您借本书看看。"

爱看书，值得鼓励，我略感兴趣地问道："那你要看什么书呢？"

她一看我的态度，胆子立刻大了许多，声音也高了："你这里有好多好看的书。"

我略带调侃地说道："是啊，葛老师的书可好看呢！你要哪一本呢？"

"就那本！"见我同意了，她眉飞色舞，快速地指着我书架上的一本偏厚的、封面颜色鲜艳的书说。

我顺着她手指的方向找出来一看，封面上赫然写着七个大字——《何炳章教育文选》。看来教研真是要从娃娃抓起啊！

咸

产假结束，重新回到学校那一学期，我带六年级（3）班的英语分流班（请外教来教英语，不愿学的同学组成的班），一共23个人。

由于我带过平行班，对他们班的学生大部分都能对上号，知道这个班的学生都很有个性。如果你"治不住"他们，那么他们就会"欺负"你。我的性格决定了我的课堂一定要由我做主，所以第一节课我就立下规矩，可以在课上看书、写作业，但不许相互说话、闲聊、打闹，更不能闲着没事。如果你实在没事，我就来找点事给你做。23个人第一节课表现都不错，每个人都没闲着。

第二节课，我一点名，只有22个人，怎么少了一个。学生们告诉我小涵不来了，去上英语了。通过和班主任的联系，情况属实，他的确又回去上英语课了。小涵是一个调皮鬼，上节课在我的眼皮底下还算老实。我想：回去正好，又少了一个和我"斗智斗勇"的，我也能少操点心。

下课了，两个女生偷偷告诉我："葛老师，小涵本来不想上英语课。他想在这个课堂上玩玩，结果你太凶了。他说还不如回去上英语课呢！"

我喜欢这五味的教师生活，虽然平淡，但却不平庸。希望我的教师生涯中能有更多有滋味的故事，更希望每一位学生都能成为故事中的主角，和我一起感受五彩的生活！

悄悄话

徐琳，任教于合肥市红星路小学，所教班级获合肥市先进班集体称号，小学高级教师，中共党员，本科学历。从教20年，曾获合肥市优秀教师的称号，在工作中爱岗敬业，善于反思总结，用心经营教育，用爱温暖童心，引孩子沐浴阳光，浸润书香。

"徐老师，小杰作业又没写！"刚走上讲台，语文课代表就拿着记录本气冲冲地向我汇报。

又没写？这个星期几乎天天都有他的不良记录，我抬眼看向小杰的座位，他浑然不觉地坐在那，做着每天都重复的小动作——一会碰碰文具盒一会摸摸鼻子，浑身不自在的样子。"小杰！下课到我办公室面谈。"我没好气地喊了一声。他抬起头，瞪着眼睛盯着我半天不动弹。

"下课！"铃声响了，我又叮嘱了一声："小杰，快跟我走。"只见他立刻转头俯身在书包里翻找着什么，"快点！"能干的小班干有点看不下去了，在旁边喊了一嗓子，小杰加快手中的动作，嘴里似乎在嗫嚅着什么，然后终于像下定决心似的抱起书本和文具盒离开了座位。我转身先到了办公室，随后，他紧跟着跑了进来。

"你呀，看看这周你是第几次没完成作业了？"

"好几次了。"他低着头，眼睛看着地面。

"你还知道呀！"我气不打一处来。

"……"他只管低着头嘟着嘴不出声。

"唉！赶快补去吧，有问题可以来问我。"我有些无奈，但还是强按怒火轻轻地说，因为被传染了感冒，实在是没有力气发火了，要在以前，我肯定要狠狠数落他几句。

"嗯！"他飞快地跑到办公室窗户下的一张桌子上埋头写了起来。

下午放学刚准备放路队，小杰突然站在座位上不走，"小杰，快一点！"我催道。

他看着我不说话，低下头双手从书包里掏了什么东西出来，然后跑到讲台前，一转身又跑回去，好像又在掏着什么，大家惊奇地看着他，我看向讲台，一个圆圆的、红彤彤的大苹果赫然出现在桌面上，那苹果红得发亮，泛着鲜艳的光泽，我一下子惊呆了，因为我教了他三年多了，他从来没有向我表达过这样的关心！正诧异间，他又一次跑上来，捧着一盒牛奶说："徐老师，给你喝。"看着他认真的眼神，我一时说不出话来，眼前忽然像电影快场景一样，出现了他往日拖沓作业、上课好动，以及和同学打闹等镜头，现在的小杰跟以前是截然不同！我有点……嗯，说不上来，是"受宠若惊"吗？因为，我的心在这一瞬间融化了！他那双诚挚的目光一下子击中我心中最柔软的地方！不知为什么，我的眼圈竟有些发热，不知说什么，只是条件反射地说："谢谢你！小杰，你自己留着吧！"此时，教室里安静极了，没有一个人走动，只是偶尔传出一两声议论。静静的教室里，大家都看着我们俩，我不动，小杰也不动。

"好！谢谢你，小杰！老师先送大家放学，你等等我，老师马上回来。"

"嗯！"他使劲点点头。

放完路队，我折回教室，他竟然破天荒地在埋头写作业，我轻轻地走到他跟前，"小杰，你今天对老师真好，我很感动，谢谢你！"

"你对我也好，你喝了牛奶可以补钙。"他扬起单纯的脸颊轻轻地说："我家里还有好多，你以后也要多喝。"

我看着他的眼睛，他也勇敢地直视着我，不再躲闪，停了一下又说："你今天上午没有骂我，可我知道错了。"一边说一边玩着手中的钢笔。

哦！原来是这样！原来是因为我上午对他的轻言慢语感动了他，是不是当时他和我刚才的心情都是一样的，都有点"受宠若惊"了，所以他也回报

悄悄话

给我如此的关心。我的心微微颤动：经常将耐心、爱心挂在嘴上的我是不是平时对单亲的小杰过于简单粗暴了呢？

我突然灵机一动："小杰，咱们做个约定，好不好？"

"什么约定？"他来了精神。

"这个约定就是咱们每周都说一次悄悄话，说说我们的真心话，好不好？"

"好！"他有些雀跃。

"小杰，你今天送我的苹果和牛奶，老师想和你一起分享，而且老师还应该好好谢谢你呢！"我很真心地说。

"不用谢，徐老师，只要你下次记得和我说悄悄话就行了。"他一脸诚恳。

"没问题！"我笑了。

"还有，徐老师，我希望你经常对我笑。"

好温暖的一句话，我不禁笑着说："当然可以，不过，你得答应老师，要好好写作业。"

"嗯！"他使劲点头。

"光说不行，得让大家看到你的行动！好吧，回家吧。"我拍拍他的肩膀，他背起书包行动敏捷地走出教室："徐老师，再见！"

我看着他的背影，突然想起了陶行知先生"四颗糖果"的故事，当每一个犯错误的孩子嘴里嚼着甜甜的糖果欢天喜地地从陶校长的办公室走出来时，他幼小的心灵受到多大的鼓励啊！这些孩子原本做好准备来挨一顿暴风骤雨般的批评，但陶先生却从正面来引导孩子，肯定他们那些一个一个看似不起眼的优点，灵活地引导让他们认识到自己身上的闪光点，知道自己和其他人并没有什么不同，不要简单地将自己定位为"坏孩子"，能够在老师亲切的看似闲谈的教育中正确认识自己，找到自己品质中的正能量，重拾自信和善良，向正确的方向继续努力。当然，孩子的成长是曲线型的，教育的成果不可能一蹴而就，不会立竿见影，还需要我们拥有极大的耐心和爱心包容学生，容许学生反复。在工作中，我们不妨换个角度，不妨说说悄悄话，灵活地运用教育方法，变喋喋不休的说教和厉声批评为幽默生动的指点，哪怕是平心静气地开一点小玩笑，用亲切的态度和简练的语言善意地指出他努力的方向，激发他自我教育的主动性，相信这样一定会收到意想不到的效果。

从快乐的"白纸"做起

凌晓赟，本科学历，合肥市品德学科骨干教师、区教学能手区、区优秀班主任。工作中，坚持"以尊重为前提，以活动为载体，促学生发展为目的"的工作思路，关心爱护每一个学生，赢得了学生的喜爱和家长信赖。所带班级多次被评为"区优秀班级"，执教的录像课在全国优质课大赛中获得二等奖，在市信息技术教学应用大练兵比赛中获一等奖。

今天是学期的最后一天，再过一个多小时，同学们都将暂别校园，度过一个开心的寒假了。每到期末我都会买一些奖品，奖励给那些表现突出的学生。这个学期，我们班还通过收集废旧物品，攒下了30元的班费。于是，我买好了很多同学们喜爱的小礼品，准备今天发奖。一走进教室，我手中的物品就引起了同学们的好奇，纷纷投来探寻的目光。一番安全教育结束后，发奖开始了。"三好学生""优秀班干部"，一部分学生高高兴兴地拿到了学校准备的奖状，个个喜笑颜开。这时，同学们的目光一起投向我。我说："同学们，这个学期，除了刚才那些同学，其他同学的进步也不小，我们也给他们发奖。"一阵掌声过后，我给本学期班内评出的学习进步生、劳动积极分子，以及在班级或学校内的比赛中获奖的同学发了奖品。虽然桌上还有未发出的奖品，但一切似乎该结束了。我一眼望去，那些拿到奖品的同学，脸上是甜甜的微笑，而其他同学，目光中有些许落寞、些许失望……

难道，这个学期他们没有进步、没有收获、没有值得嘉奖的地方吗？难道，就这样让他们带着失望和遗憾回家？

当然不可以。于是，我郑重宣布："同学们，其实这个学期你们都付出了努力，一定有许多值得发奖的理由，只要你说得有理，大家认可，你就可以自己到台上来选一样自己喜爱的礼物，自己给自己发奖！"

话音刚落，教室里一片寂静。我知道，他们一定是给这种从未听说过的发奖方式惊到了——从来只有老师给学生发奖，哪有自己给自己发奖的？看着他们怀疑的眼神，我又说："同学们，也许大家没发现，也许老师对你了解太少，勇敢些，告诉大家你的进步。"终于，教室里，伸出了一只举得低低的手，我立刻请他，他说："老师，这个学期我的成绩进步了，数学考了一百分呢！""该，该发奖！"我说。

"老师，这个学期我已经改掉迟到的坏习惯了""我大扫除很认真"……他们一个个自己说着该发奖的理由，一个个上台选着自己喜爱的礼物，教室里热闹极了。"老师，这个学期，我很少不交作业了。"雪洁低声说。这一下，全班哗然，有的说："你前两天还有一次作业没有写完呢。"又有的说："作业没写完还发奖，那怎么行？"她尴尬地站在那里，等待着我的最后裁决。我说："同学们，那她究竟有没有进步呢？"大家都不由点点头。我请雪洁给自己发奖，一边问："你有什么想说的吗？"她涨红了脸说："下学期，我一定按时完成作业，请大家相信我。"教室里响起一片掌声。

桌上的奖品渐渐少了，教室里举手的人也渐渐少了，没了……可是，我发现还有一部分同学，什么奖品也没有拿到。我微笑着说："同学们，你们看有些同学有些不好意思，有些同学也许还没有发现自己身上的优点，你们能给他们来发奖吗？"就这样，又一阵热潮在班内掀起。每个同学都在看周围的同学，想着他们的优点，特别是看那些还没有领过奖的。"小婕，她平时经常主动帮助我解答难题""小扬，每天坚持体育锻炼，为学校体育争光"……这时的他们，正细细地寻找着同学的好，体味着友谊、关怀，我觉得一股暖暖的温馨洋溢在教室的每一个角落，每个人都接受着一次心灵的洗礼。

今天，没有说教，没有批评，没有灌输，只有欢乐，只有体验，但是我真切地感受到学生对自己的认识评价、对自己的反省教育，可以说这是一次成功的思想品德教育。它不仅留给学生一次难得的人生经历，而且留给我深深的思考。我想对每一个学生说："以前的你是一张白纸，或许你在这张白纸上描绘了美丽的图画；或许你在上面留下了一些污点。但今天在老师面前，你还是原来那张洁白的纸，一切重新开始吧！让我们一起从'白纸'做起，快乐地生活，快乐地学习！"

智斗沉默的"小火山"

——我和末末的故事

金晓敏，本科学历，小学高级教师。1998年参加工作，一直担任语文及品德学科的教学工作，并担任班主任一职。曾荣获庐阳区教学能手、优秀教师、优秀辅导员等光荣称号；在合肥市课堂教学评比中获二等奖；多篇论文、教学设计等在全国及省、市级评比中获奖。

当一位班主任遇到了一个问题多多、沉默少语却又脾气火爆的孩子时，会发生怎样的故事呢？

末末是一个白白净净、虎头虎脑的男孩子。这小家伙平日里总是低着头走路，低垂着眼皮和别人说话，一副怯生生的模样。四年前的那个九月，我成了他的老师，我们的故事也从此开始。

记得开学的第一天，我就领教了末末的暴脾气，感受到这座"小火山"爆发时的强大威力。那天中午放学，一个孩子急匆匆地告诉我，末末把走廊上的灯打开了。说这话时，末末恰巧也在我们的身后，我笑着对他说："以后可不能这样呀！多浪费电！"话音刚落，我便转身带着路队继续往前走。"老师，老师，他不走了。"后面的孩子叽叽喳喳地喊成一团。回头一看，末末站在原处一动不动。"哎！这小家伙。"我嘴里嘟哝着，急急忙忙地送走其他孩子后，准备回来单独送他出校门，可是无论我和其他老师怎么劝说，他就是一动不动。就在这时，末末的奶奶，一位头发花白的老人蹒跚走来。"末末，回家!"奶奶厉声命令道。"哈哈!家人来了,他该回家了。"我的心里一阵狂喜。哪知就在这时,末末竟笔直笔直地一头砸向地面。这结结实实的一摔惊呆了在场所有的老师,大家七手八脚地将他扶了起来,而此时站在一旁的奶奶也是无计可施。

在随后的日子里,末末那接二连三的激烈举动让我提心吊胆。题目不会写,他就狠狠地撕掉本子;和奶奶闹了脾气,他就死活不进校门;同学们说出他的缺点,他就抱住桌腿赖着不走;老师让他订正作业,他就站在操场上坚决不回教室……只要有一丁点儿不如他意的事情,他就会大发脾气,犹如"小火山"爆发一般。这种种激烈甚至有些疯狂的举动几乎每天都会发生,我成天就像是个消防员似的到处"灭火"。焦头烂额的我有时也免不了会大声训斥他,让他听我的话,可是我的严厉却只换来他更加执拗的表现。

日子久了,我从其他孩子和家长们的口中得知,末末成长在一个单亲家庭,父亲为了这个家,每日辛苦地工作着,一般是由年迈的奶奶照顾着末末的生活。三岁才会说话的他很少与人交流,脾气也是异常暴躁。面对这样的末末,有很长一段时间,班里老师们见面的第一句话就是"末末今天的心情怎么样啊"。班里的孩子常常和我描述他在幼儿园的种种疯狂。我暗下决心:我要拯救这个孩子,我也要解救成天提心吊胆的自己。这古有兵法36计,就是遇到个再麻烦的主,都有个对付的招数,唐僧还有个紧箍咒可以念叨孙悟空呢!只要我一天是末末的老师,我就不信找不到"降服"他的办法。

可一次次过招,一次次失败,"降服"末末谈何容易啊!硬碰硬?不,他发飙的功力了得,我绝不是他的对手。放弃他?不,放弃任何一个孩子都不是我的风格。顺着他?对,以柔克刚,以退为进。凭着多年来和孩子们打交道的经验,我猜想,他之所以闹脾气,甚至是小小的自我伤害,都只是希望用这种特殊的方式引起别人的关注,得到别人的爱。

那是一堂体育课,末末又开始闹脾气了,站在教室里就是不肯去上课。

"末末,去上课吧,大家都在做游戏呢!"我亲切地说道。末末似乎没听见我说话,低着头继续站着。

"那你不上也行,你坐下吧!"末末依然倔强地站着,似乎还是没有听见我说话。

"那你就站着吧!累了就坐。"这一次,我一改往日的风格,不发火,不动怒，不批评，就这样悠悠地送上了这么一句。

听我这么一说，末末的肩膀微微一颤，似乎压根儿没想到我会使出这么一招。就这样，他继续站在教室里一动不动。一分钟，两分钟……时间一分一秒地过去了。我一边改着作业，一边在心里想着："小家伙，今天我再也不会中了你的招了，今儿就是要和你耍太极。看咱俩谁的招更有功力！"我心里这么想着，眼睛也不由得瞥了末末一眼，没想到，这小家伙也正悄悄地看着我呢！我们的目光刚一触碰，他就迅速地低下头保持着惯有的状态。"哈哈，坚持不住了吧！今天我就顺着你，我要和你智斗。"我在心里暗暗盘算着。"末末坐吧！站着累。"我再次让末末坐下，可是倔强的他仍旧不坐。虽然此时他的眼神中，已是满满的有火无处发的无奈，但那小脸上却还是摆出一副要和我较劲到底的架势。

"哎哟！我们班同学都在做游戏呢！你玩不玩？要不……你，你，你再站会？"我故意大声说道。"嗯，嗯……"末末依然低着头，想说些什么却又将那话深深地压在了嗓子眼里。"去吧！我带你去。"我大步走向操场，可末末呢？回头一看，这小家伙还坚守着自己的那块阵地。"走吧！"说着我牵起了他的小手，这回他没有再坚持，而是紧紧地攥着我的手，像是抓住了那最后一根救命稻草似的顺从地跟在了我的身后。那一刻，我确信我最初的判断是对的。末末每次发脾气只是渴望周围的人关注他，让他有存在感。他那特殊甚至有些疯狂的表现并没有恶意，只是他不知道该如何表达，如何宣泄。你越是要求他怎样做，他就越是和你拧着干。于是在今后的日子里，每当他脾气爆发时，我总是不急不躁，不紧不慢，不怒不吼。一次、两次、三次……久而久之，他慢慢地发现无论自己使出何种招式，我就是不接招；他也渐渐地感受到我在时时关注他、关心他；他更清楚地知道自己大发雷霆解决不了任何问题。就这样，在一次次的智斗中，末末这座"小火山"在我如太极般的轻柔匀缓的招式中无力爆发，也大有收敛。

做到这些，我似乎可以松口气了，可是他来到伙伴们中的那一幕却总是在我脑海中浮现。那天来到同学们中，末末静静地站着，我分明看出他想和同学们一起玩，可却又不知道该如何融入同伴之中，末末就这样依然保持着惯有的低头姿势。这该怎么办？我知道，对末末的教育并没有结束，又一个难题摆在我的面前。末末表达能力差，缺乏自信，非常不善于和他人交流。

孩子们知道他脾气火爆，也不敢和他一起玩。

哎！正当我一筹莫展时，一次家访中我看到了他的一幅画。天啊！我简直不敢相信自己的眼睛，成绩糟糕、不善交流的他竟是个小画家，那胖胖的母鸡妈妈，那可爱的小鸡宝宝，一切是那样的和谐自然。看着这幅画，我仿佛看到了他的内心，找到了帮助他的方法。不久后的一天，我在教室的墙面上布置了一次小画展，特意将末末的画贴在最显眼的位置，并向全班同学隆重介绍了这幅画。在同学们此起彼伏的惊呼声和掌声中，我第一次看见了末末的不同：那总是紧紧抿着的小嘴巴在那一刻唇角上扬，那总是低垂着的小脑袋在那一刻高高抬起，那总是茫茫然的眼神在那一刻闪烁光芒。一幅画给他带来了自信，班里的孩子们也在我的一次次引导中看到了他的优点。渐渐地，末末融入了集体之中……

就这样，一个月，两个月……我和末末的故事在四年的时间中慢慢演绎着。这其中有快乐，也有委屈；有成功，也有失败；有坚持，也有那放弃的念头一闪而过。

这，就是我和末末的故事。平淡但却真实，波澜不惊但却爱意涌动。当然，我也不讳言，现在的末末仍然存在着不少问题，他的成绩也依旧让人担心，但现在的他却可以作为班级的路队长自信地带领全班同学走出校门。现在的我呢，一如既往地热爱着教师这一职业，我明白教师的工作需要暖暖的爱心、久久的耐心，更需要大智慧。我知道，我和末末的故事仍将继续，不奢望这个故事能多么完满，只希望末末在这个故事中能够快乐，能够自信，能够感受到浓浓的爱。这就是我，一个老师，一个班主任最真挚、最质朴、最简单的愿望。

橘　香

刘昌梅，本科学历，南国花园小学高级教师，庐阳区骨干教师，何炜名师工作室成员，国家二级心理咨询师，高级家庭教育师。从教20年，勤于钻研，锐意进取，逐步形成了自己的教学风格——清新自然、灵动流畅。曾多次参加市、区教学比赛，均荣获一等奖，并被授予教坛新星、教学能手的光荣称号。

又是橘子飘香的时节，这也是我最爱的季节。飒爽的秋意，却未能驱走我心中的阴霾，心情糟糕透了。刚接了一个新班——年级公认的差班，这群孩子似乎总在给我添乱，不是这个不做作业，就是那个恶作剧，忙得我焦头烂额。这不，下午一放学，我就去一位后进生家家访。

从她家出来时，天色已晚。瑟瑟的秋风夹着雨丝向我袭来，想起她那怯怯的眼神，家长冷漠的表情，让我感觉更加疲惫。她，低着头，默默地送我走出长长的陌巷。"别送了，回家吧，谢谢你！"我停住脚步对她说。她不作声。我转身继续小心翼翼地前进。不经意间一回头，却发现她还站在细雨中，单薄的身影，在灰黄的路灯下，深沉的夜幕中，愈发显得瘦小。她是那样的孤寂，那样的无助，不禁让我心生怜悯。"快回去吧，别受凉了！"我朝她挥挥手，忽然，她向我飞奔而来。我摸着她那通红的小脸，问："怎么啦？"她幽幽地说："老师，您到我们家一口水都没喝，我知道您最爱吃橘子，所以这个给您，解解渴吧！"说着把手中一直紧攥着的"宝贝"往我手中一塞，又飞快地跑走了，临行还未忘嘱咐："老师，您慢点……"稚嫩的童音和瘦小的身影很快消失在雨夜中……

在这寂静的街头，这个还带着体温的小青橘，散发着诱人的清香，驱走了我全身的倦意、寒意和内心的阴郁，一股令人感动的温暖包围了我。是的，她是一个后进生，一个天资和家境都不太好，缺少关爱的学生，但这一切都抹杀不了孩子率真、质朴的天性及对老师的爱戴、尊敬，这小小的橘子便足以证明！

这个雨夜，我将终生铭记，因为有个女孩给我带来了一丝阳光。这淡淡橘香将充盈我的心灵，因为它让我时刻感受到为人师的快乐和幸福。愿这爱的馨香，伴我一生。

用生命点燃生命

—— "引导少年儿童善良、诚实、正直、有爱心"的个案

魏明琴，一个热爱孩子、热爱教师职业、热爱阅读、甘为学生点亮心灯的阳光语文教师。在六安路小学班主任、语文教师岗位上，坚守了18年，始终以一个合格党员的标准要求自己。曾获全国特色小队优秀辅导员荣誉称号，庐阳区教学能手、优秀教师、十佳班主任、名班主任领衔人。

每个孩子天生都是纯真而美好的。教师，孩子成长路上重要导航人之一，最重要的任务是要读懂孩子心灵地图上的密码，即发现他的特质、呵护他、浇灌他，引领他成长，用生命点燃生命，以此激发孩子们内在的独特天赋和力量，并支持他们自然而独特地健康成长，最终成为一个正直、善良、诚实、有爱心的孩子，绽放出自己的光彩。

又迎来了新一届的学生，因为缘分，我就遇见了这样一个独特的孩子——小兜兜，由他而引发的教育故事，给我留下了深深的思考。

小兜兜从开学后，每天一入校，总是背着书包满学校转，就是不去教室。每堂课都站着上，时而把手含在嘴里看着老师，时而玩前后左右同学的文具或书本类的东西，时而下位转转，随处走动。课间无论你在学校的什么地方看到他，他都是背着书包的。后来，他竟发展到彻底不进课堂上课。每天都会和同学发生一些矛盾，有的时候还将班级的公共图书等一些不属于自己的东西带回家。很快他就成为老师眼中的问题学生，家长眼中的问题小孩。

如何引导小兜兜健康成长，成为我德育工作中的一个新挑战。

经过一些侧面了解，知晓他在幼儿园时就天天一个人坐在小黑板下，老师还找一个专门的同学看着他。同学在说他时，我捕捉到他的表情，似乎无所谓，看来他的"与众不同"是由来已久了。经过多次的事件处理，并和小兜兜父母沟通，与孩子交流，渐渐了解他总背着书包是怕别人也像他一样拿自己的东西，怕丢了东西回家被爸爸打骂，极缺乏安全感。

小兜兜的父亲是一个非常严肃、非常冷酷的男人，用自己所谓的威信，对孩子实行高压政策，甚至动用暴力手段；而母亲，则是一个性格柔弱的女人，溺爱孩子到毫无原则的地步。两个极端的教育方式，让孩子性格的两面性不断暴露，也给学校教育带来很大的阻力。问题式的家庭教育导致他的行为习惯严重滞后。

要解开小兜兜的心灵密码，要走近他的心灵，读懂那张心灵地图，引领小兜兜不断成长。我开始了走近他内心世界的探索历程，用生命去点燃生命。

一、呵护生命，引领成长（我要做善良、有爱心的好孩子）

曾经有人说：教师应该是一个不忘却自己童年的人。只有童心才能读懂童心，只有读懂童心才能呵护童心，而善根是根植在童心里的，呵护了童心就留住了善根！

那天他课间捕捉了一只蝴蝶，装进了矿泉水瓶里，带进了课堂。本来课堂上就不能专心的他，更无心听课了。他的注意力只在桌肚里，桌肚里有个瓶子，瓶子里有只蝴蝶，蝴蝶怎么样了，是他最关心的。课下，想严厉地训他一顿，但是看到他还在瓶子里放上了几根草叶，为蝴蝶营造一个温馨的家，刚想批评他的心变得柔软了。

那是一颗童心对生命怎样的呵护啊。这样一个善待蝴蝶的孩子就是好孩子。此时，还有什么比呵护好这棵幼小的善根更重要的教育吗？当我抚摸着他的头，让他好好照顾好蝴蝶时，他的眼中闪动的是激动和兴奋，告诉我他会把蝴蝶放到奶奶家院子里的花丛中，让它在花间飞舞。多么美好的心愿，我想象着蝶儿翩飞的情景，其实我更是看到了一颗美好的童心。

二、尊重生命，引领成长（我要做诚实的孩子）

对每个孩子来说，健康的成长意味着在生活中总会面临一些挑战。就在这个学期，小兜兜曾经努力改正的一些坏习惯又有反复现象。

那天他拿走了我讲台上准备给孩子们读的新书，我知道他一定是很喜欢那本书。当我在班上找书时，没有同学可以提供线索，但是凭借自己对小兜兜的了解和观察，我判断书一定是在他那儿。我也不急于揭穿，对大家说："好像早上是谁和我借看看，我忘记了，可能借书的人也忘了，回头想起来，和我说一声，或者将书放到讲台上就可以了。"

一个下午我的书都没有回来，等到快要放学的时候，有同学在教室外捡到了丢失的那本书。我明白是怎么回事。我告诉他，爱读书的孩子是最有力量的，爱读书的孩子是知道诚实对于一个人来说有多重要。同时我还答应他，绝对替他保密，但是他必须说清原委，并且改正，下不为例。

由于我对他的尊重及信任，我们达成一致。后来，只要班级图书角一上新书，我就先借给他看，看完他都会主动归还。说来也奇怪，渐渐地，小兜兜对我也越来越信任，越来越依赖。因为对生命的尊重，将诚实的种子根植在孩子心中，同时也为小兜兜的阅读之路提供便利。

诚实与阅读成为小兜兜成长路上的另一对双翼，阅读不能改变人的起点，但是可以改变人的终点，爱读书的孩子好教育。后来，小兜兜在学校的走廊上捡到了100元纸币，竟然交到了学校大队部。这就是孩子，孩子永远都在成长，可塑性很强。这就要看教育者所站的高度了，你能站多高，你就能指引你的教育对象走多远……

三、敬畏生命，引领成长（我要做正直的孩子）

对于人来说，生命比什么都重要，尤其是孩子的生命。在生命教育中，我们要时刻教育孩子，生命是最宝贵的。我们必须要好好地珍惜生命、善待生命、敬畏生命。

一次班级一位同学在校外被一位高年级的孩子欺负，班会课上，大家正在讨论面对这种情况如何应对。孩子们对于如何保护好自己，不让自己受伤害，谈了自己的看法，孩子们自我保护意识都很强，让我感到欣慰。我又把话题引向另一个思维角度，谈到如果你看到这种场景的时候，会怎么做。小兜兜站起来，说了自己的一个故事：那天在放学路上，他看见了一个小偷正在偷一个阿姨的钱包，他正想上前去告诉阿姨，但是旁边一个叔叔用恶狠狠的眼神示意他走开，别管闲事。看着那个叔叔从口袋里掏出的小刀，他犹豫了一下，最终还是走开了。他想找个地方打电话报警，但是没有电话。也不知道，小偷最后可得手了。说到这，他还是一脸遗憾。

我知道，孩子是最有正义感的，他们的眼睛里是容不得沙子的。我告诉孩子们，尽管他没有帮助阿姨，但是已做到了最好，在双方势力悬差太大的情况下，不可以莽撞，要选择先保护自己。可以想到避开小偷，找个地方打电话报警，就已经是非常了不起的事情了，毕竟才是一个不足十岁的孩子，任何时候生命最重要。

同学们听到这儿，不禁为他鼓起了热烈的掌声，孩子们都说："老师，这个学期最勇敢奖、最正义奖给他。"站在讲台上接受掌声的他，睁大了双眼，那双眼睛，曾经闪出的是单纯中略带倔强、任性、压抑的他，此时的双眸却是明澈的，折射出心灵中的精神力量，那是正义的力量，是做正直孩子的力量，往大里说是做一个正直人的人性光辉的力量。

掌声结束，我还是不忘强调了一句：最让老师欣赏的是，在关键时候，小兜兜机智地选择了保护好自己的安全，任何时候要先保护好自己，不要莽撞行事，这是一种智慧的生存选择，是对生命的尊重与敬畏。

四、绽放生命，点燃生命（那一刻，我的世界春暖花开）

生活中的困难以其独特的方式磨炼孩子的心智，并激发他们最大的潜能。蝴蝶破茧而出的时候，要经历痛苦的挣扎。如果你为了让它少受点苦而割开茧，那它很快就会死去。没有这番挣扎，它将永远无法飞翔，甚至会失去生命。同样的道理，为了让孩子们更强壮，在天空中自由翱翔，他们需要一些特别的挑战，还有一些特别的支持。

　　放学后我留他一个人在教室补一会作业。我回到办公室喝点水，不敢久留，返回班级，远远地看见教室的灯灭了，走近看，教室的门关上了。我顿生一股无名火。打开窗户却见他的书本等都在桌上，奇怪，人去了哪呢？转瞬我又开始担心了，该不会出什么事情吧？职业敏感让我赶快找人，在周围找了一圈也不见踪影，我的心头开始打鼓，我在心中立誓：以后坚决不再留他，不再找他补习功课……别没教育好他，却让他安全出问题。担心与气愤交织在心头。我在周边找了几圈无果，和家长联系沟通也毫无结果，最后我抱着一线希望重返教室，教室灯亮了，便冲进教室一看，他竟然安坐在位子上背书了。我冷冷地盯着他几秒，沉沉地问道："你刚才去哪里了？"人家坦白地回答："我肚子疼，上厕所去了。""那你关灯锁门干什么？"我不依不饶。"我就是记得您上次班会课说要节约用电的，怕班级东西丢了，所以……"尽管语言不流畅，但是一脸的纯真，那一刻，我愣住了，立在那好几秒钟，转瞬，我扭头走开，让他妈妈陪他一会。其实此时我心中荡漾起的是一股暖流，自己那教师的威严被孩子那句柔弱的话语彻底打破，我就这样默默地伫立在原地，无语，内心却掀起千层浪……沉思良久，走到他的面前，拍拍他的肩膀，竖起大拇指给他："真是一个好孩子……"

　　这么好的学生，为什么在成长中会遇到那么多的问题呢？这也许是作为教育者的父母和教师所要深思的问题吧！

　　孩子不需要我们的"修理"，让他们变得更好，我们要提供肥沃的土壤，让他们优秀的种子可以更好地生根发芽。在每个孩子的思维、心灵和身体里，其发展所需的完美蓝图也已经存在。孩子本身已经是美好的了，我们不用费力再去做些什么让他们更美好。但他们的成长需要我们的理解，呵护，信任，尊重，支持，引领……

　　每一个生命都是一颗种子，蕴藏着不为人知的力量；每一个生命都是一颗星星，隐藏着耀眼夺目的光芒。在这片教育沃土上，每一位师者都在悉心培育着种子，浇灌着幼苗，怀着对教育的热爱与虔诚，从尊重每一个生命开始，努力追寻着教育的本真，去读懂每一个生命的心灵密码，读懂每一个心灵的地图，打开每一扇心灵之门，用生命点燃生命。

平衡之道

郑家勇，合肥市大杨中心小学教师，长期担任班主任、小学品德学科教学工作。合肥市品德学科骨干教师，庐阳区名优教师，何炜名师工作室成员。曾获庐阳区品德学科教学评比一等奖、教学能手称号。

多年来，一直信奉学校教育即是学生的成长教育，教师应当关注学生心智成长。

长期做班主任的都会有这样一种体会：小学低年级的孩子，天天围着老师，今天告这个同学推他一下，明天告那个同学拿他东西，俗称"告状"。孩子们心里搁不住东西，有什么东西，都会争先恐后地告诉老师，所以老师和孩子之间有说不完的话。但是，小学高年级的孩子，他们与班主任之间就像挖了一条鸿沟，彼此之间，非到万不得已，不会将同学之间发生的一些矛盾和冲突告诉老师。

这种情况的出现，与学生的年龄、认知特点及社会性有关联。低年级孩子年龄小，他们往往无法解决彼此之间的小问题，对同学之间在"告状"之后相互关系的影响认识不全面。彼此之间也不会因为几次告状就记恨在心。而到高年级，孩子的心智进一步发展，他们参与的社会意识增强，对人际关系的理解也深刻多了。另外，他们在心理发展上，寻求独立意识，不愿意将自己与他人，或看到的他人之间的矛盾，告知班主任，相信自己能够解决问题。

这种心理及行为方式的转变，其实就预示着班主任在开展不同年龄段的班级管理工作中，采取的方式方法需要有所转变。低年级可能就需每件事都亲力亲为，而到中高年级，就需在班级管理上，注意建立好班级的行为规范，引导孩子采取合适的方式方法，自行处理他们之间出现的小问题、小矛盾。所以，在高年级更要注意处理好班主任直接介入并解决班级学生之间的特定的问题和矛盾，既要避免一些突出矛盾的激化，又要让学生有自行处理的空间。这种微妙的平衡，需要细腻拿捏。这也是高年级班级管理文化必须关注的方面。

我在中途接手一个六年级班主任时，学生对于涉及人际关系的事大部分都采取隐匿的方式，知而不言，即使是错事，大伙也是能不说就不说。所以，很多时候我相当被动，往往到事情很严重的时候才知个大概，并且询问时，往往是一问三不知。

于是，我利用班队会和晨会的机会，首先告知他们，自己的事，可以同学之间商量着解决，但是，不能故意隐瞒情况，尤其是一些矛盾严重、无法解决的事，一定要告知班主任。作为班主任，我会认真聆听他们的陈述，并且听取他们的意见，只要合情合理，一定会尊重他们的意见。同时，对于他们之间协商的具体事项，我尊重他们的隐私，不会泄露给他人。

之后，我加强对班队干部的教育，强调要敢于管理班级中的事务，同时要与班主任密切沟通。时间一长，师生的关系好多了，我也践行之前的承诺，赢得了孩子们的信任。

这天上午第一节课下课，两位女同学捧着书来到办公室，一脸严肃地向我汇报："老师，昨天下午放学后，李同学的书本、作业本都被人用记号笔乱画。"说着，两位同学把"证据"拿给我看。的确，粗重的记号笔记号，非常刺眼地杵在那里。接着，李同学又转身，在她衣服的背面，也被人涂了东西。当时，两位同学很激动。我安抚她们说："这件事性质很坏，老师一定会让搞破坏的人向你道歉。"

事后，我思索了一下，这个人这么做，首先是因为李同学最近在班级受到我多次表扬，下手者可能是嫉妒心作祟。另外，从班级学生的行为习惯来看，男同学做的可能性不大，而且她的衣服上也有，并且是在不知情的情况下做的，应该是她周围的学生。范围缩小，基本上可以确定是哪个人了。如果在全班同学面前当面揭穿，无疑是很解气的事，但是也将这个人逼到一个受人谴责的境地。她这么做，本身就证明她是一个嫉妒心极重的人，这样心理的学生，心理一般比较自闭，排遣内心矛盾的能力比较弱，无疑不利于她自己认识错误。因此，我决定采取让她自己认识错误并私下道歉的办法。这样，既顾全她脆弱的自尊心，同时也让她惊醒。

于是，我在课前班级会上，将这个事情抖出来，同时提出："这种做法的危害有限，但是性质很坏。如果能够自己主动承认，纠正错误，我将既往不咎，宽大处理。时间是一上午的时间，希望她能主动与我或者李同学联系。如果到时没有主动作为，承担过错，我将彻查到底，并在全班开会批评。"

下午，同学向我反映，挑事的人，已经私下里向李同学道歉，并得到了原谅。至于是谁，李同学也没有透露。学生问我要不要追究那个人的责任，全班批评。我微笑着说："能知错就改，就给她个机会吧。"

当然，就这件事，与这个人，我还会与其私下里交流，至少让她明白老师的用意，并做好相应的心理辅导，为今后对其进行积极的心理干预做好相应的准备。

学生是个发展的个体，作为班主任，在管理班级的过程中，必然要注意这个个体发生的变化，同时采取合适的教育手段，注意在班级管理和学生教育中，采取必要的平衡，注意保护好学生的身心，这样的教育才能深入人心，才能取得较好的教育效果。

平衡之道

用爱点亮生命

方春玲，教育学本科，学士学位，致公党党员，合肥市品德学科骨干教师，庐阳区小学品德骨干教师，何炜名师工作室成员，庐阳区支教先进个人。在合肥市亳州路小学工作至今，17年来，始终坚守在教学第一线，承担语文和品德学科教学工作，现担任六年级语文备课组长和班主任工作，撰写的教育教学论文、案例曾多次获国家、省、市、区级一、二等奖。

记得曾在一本书上看到，老师分为四种类型：智慧爱心型、爱心勤劳型、勤劳良心型和良心应付型。正如一位优秀班主任在做经验报告时说：班主任在，学生能做好，是一位基本合格的班主任；而班主任不在，学生同样也能做好，则是一位优秀的班主任；班主任在，学生仍不能做好，则是一位失败的班主任。多年来，我一直努力思考如何做好班主任工作，希望自己能成为一名智慧爱心型的班主任。

和孩子们相处的第一个学期是艰难的，但我从中也体会到了成长的快乐。虽然我们取得的只是点滴进步，但这些小小的进步是我们共同努力的结果。于是，我惊喜地发现，我开始喜欢和他们在一起，一起感受生活与学习中的酸甜苦辣，同时也和他们在很多方面有了默契。

小学班主任，特别是低年级班主任，是一个复合型角色。当孩子们需要关心爱护时，班主任应该是一位慈母，给予他们体贴和温暖；当孩子们有缺点，班主任又该是一位严师，严肃地指出他的不足，并帮助他改正。我认为班主任工作是一项既艰巨而又辛苦的工作。说起艰巨，是指学生的成长、发展以至能否成为合格人才，班主任起着关键性的作用。

一、"会说话"的墙壁鼓舞学生——营造和谐、有竞争力的班级氛围

舒适整洁的班级环境能够让孩子们更好地学习和生活，教室的环境在无形中反映一个班级的文化氛围，折射出这个班级的文化底蕴，于是在开学初，我联合全班同学努力把班级建设得雅致并有内涵。

一个充满青春活力、人情味、昂扬向上、积极进取的班级对于促进学生的身心健康发展具有极其重要的意义。桌椅的摆放、墙面的布置、黑板的合理利用等，这实际上就是一种静态文化。学生触景生情，因美生爱，能够增强班级凝聚力。为了能够真正做到让教室的墙壁会"说话"，我将班级的墙壁分为以下七大板块：成功、我的承诺、数学123、英语ABC、我们的约定、劳动最光荣和快乐大比拼，通过这样的墙面设计，让每一面墙壁成为"会说话的墙壁"。

总之，班级是学生生活的重心，它是知识的集散地，是人格的熏陶地。班级文化是一门潜在的课程，它有着无形的教育力量，就像一句诗中所说：随风潜入夜，润物细无声。

二、真诚的师爱唤醒学生——做一个有爱心的班主任

冰心说过：爱在左，同情在右。走在生命路的两旁，随时播种，随时开花，将这一径长途点缀得香花弥漫，使得穿枝拂叶的人，踏着荆棘，不觉痛苦；有泪可落，也不是悲凉。做一名幸福的班主任，就是要用"爱"这个幸福的"雨露"，去滋润每一朵花儿，用幸福的阳光照耀每一个学生。只有这样，班主任与学生才能真正做到心与心的交融，情与情的共鸣。也许做教师并不是我们儿时的梦想，但自从踏上这三尺讲台，竟发现我们再也离不开它。因为在这里，我们学会爱的同时，也感受着最纯真的心灵。

没有爱的教育就像池塘里没有水，没有爱就没有教育。爱，是班级管理

的一个基础。作为一名老师，必须要有一腔爱。爱孩子才能培养孩子的爱心，只有对学生倾注了爱心，让学生感受到了老师的爱，才能获得学生的信任和尊重，才能让学生体会到班级的温暖与和谐。

我每天清晨都带着爱心在早读时间来到班级，如同来到自己的菜地里，将期待的目光洒向班里的"每一颗闪亮的珍珠"。我会和孩子们讲安全、抓纪律、看卫生、查出勤、督促学习，不足之处组织学生及时落实。孩子生病了，一个慰问电话；天冷了，一句叮咛；孩子进步了，一句表扬及一个肯定的眼神——这些在孩子眼里，就是爱。

记得九年前的一节课上，我有幸认识了他——只会对人傻傻地笑，经常在同学们听课入神时，突然传来他"怪异"的笑声。

"下课的铃声，送来十分钟，来吧，来吧，大家来轻松。"循声望去，我惊呆了：那不是坐在班里"特殊位置"的他吗？大家公认的"丑小鸭"，今天却能唱出如此动听的歌声。

当时是我踏入工作岗位的第6个年头，第一次遇到像他这样的学生——一个连话都说不清楚的，一个能把"3+2"说成"6"的孩子，竟然将一首对他来说比登天还难的歌曲，演绎得如此"完美"，真是太不可思议。而更让我吃惊的是，在后来和他的谈话中，了解到他会唱这首歌曲的真正原因——简单。面对这样的回答，我只能怀着深深的愧疚，愧疚的是不应该到现在才发现他的闪光点。

他在我不明方向时，为我点亮了一盏灯，指明道路。我相信，今后的我一定会善待我的每位学生，因为他们是我身边最美的天使。相信他们会和你一样，在今后的人生道路上展翅飞翔，勇往直前，成为一只真正的"白天鹅"。

三、发现学生的美——做一个善于发现的班主任

有这样一位学生，一年级上学期进入我班时自理能力较差，不说话也不参加活动，就连起立的动作也非常慢。就是现在，他也经常会把大小便弄在裤子上。

记得一次课上，孩子们都在聚精会神地听课。突然，有位同学大声喊道："老师，他又解大便了，好臭。"就在他刚说完的那一刹那，坐在后排的孩子们异口同声地应和着。而此时，我也看到了他那惊恐、羞涩的眼神，仿佛在告诉我：老师，对不起，我不是有意的，我不知道该怎么办？

　　那种眼神让我想起了11年前的那只"白天鹅"我这次绝不再伤害这个幼小的心灵。于是，我主动走过去准备帮忙。可就在这时，一个身影却早已赶超在我前面，"老师，我去。"只见两个劳动委员已经拿起拖把将污物迅速拖掉，并快速冲向厕所。此时，正值下课时间，整个走廊早已弥漫着刺鼻的臭味，所有路过的同学都是捂着鼻子像躲避瘟神一样，恨不得快点离开这儿，嘲笑声也不绝于耳。而我们像是拼命保护自己受伤的同伴一样保护他，不愿他受一丁点伤害。

　　没过多久，上课铃响了，但走廊上仍然活跃着班里同学们忙碌的身影。又过了十分钟，走廊上才渐渐安静下来，孩子们也陆续走回教室，不停地擦着额头上的汗珠。

　　看着他们一个个辛苦的身影，我知道，机会来了！我说："同学们，我代表他感谢所有同学。因为有了你们的帮助，相信今后的他不会再害怕，也不再会惶恐不安，正是你们为他撑起了这片心灵的天空。"看着孩子们自豪的眼神，我接着说："孩子们，我们来个约定吧，从今天开始，我们一起帮助他、陪伴他，不让他孤单。能做到吗？""能！"孩子们的回答是那样坚定，他们让我听到了这世界上最善良的声音。当我们的目光再一次投向他时，他的眼睛仿佛在说："老师，谢谢你；同伴们，谢谢。"

　　从此，在他需要帮助时，他的身边都会有向他伸出援手的同学；当他寂寞时，有陪他聊天的好伙伴……

　　说来也怪，从那以后，课堂上的他如果再不小心把大便弄在裤子上，同学们都会悄悄地告诉任课老师，或者是捂着鼻子忍受，如果还有同学再大声说话，旁边同学会立刻说道："不能忍一忍吗？他又不是故意的！"听到同学们这样的话语，我打心眼里高兴。

　　从小处着手，点滴做起，细心观察，精心引导，细心研究教育策略，大胆实践，这就是我对他的教育理念。现在的他成绩虽然没有起色，但他现在能看到他挥动着小手和我大声说再见，下课时能像一只幸福的小鸟在操场上自由奔跑。

　　是他们，让我认识到作为老师，要有高度的责任心、上进心和使命感，要有宽阔的胸怀，科学的方法，要多一分尊重，多一分宽容，多一分理解，善待每一位学生，欣赏每一位学生，相信学生未来的辉煌，就在我们的无私奉献与关爱之中。

　　我深深知道：工作中的我是美丽而快乐的。

小小的试探

吴晓静

记得曾经有一位心理学家做过这样一个测试：给一个班的学生发棒棒糖，以此来试探孩子抵制诱惑的能力。有些孩子当时就吃掉，有些放到下课，有些能放到放学后带回家和家人一起分享。跟踪调查这些孩子未来发展，发现当年特别有自制力的孩子最终往往能达成自己的目标。

其实这样的测试我们也可以经常做，借以训练孩子克制自我的欲望。一年级时，每到孩子过生日发糖果时，我就是这么引导的，发现有不少孩子确实能忍到见到家人和他们一起分享，但也不乏当时就拆包独吞的，还有个别馋的把糖放手里都摸化了的。这个过程也许就是每个孩子自我教育的过程。

从济南回来时十分匆忙，我给办公室老师带了一些山东特产——阿胶蜜枣。我把带给家里人的三袋带到学校，告诉孩子们我要发给他们，谢谢他们在我出差时出色的表现。那天发的时候我预料到可能不够，便说："今天拿不到的孩子明天每人给两颗哟！"前排同学不乐意了，绎诚惋惜地说："早知道我坐最后一排就好了！"也许物以稀为贵吧，要是爸爸妈妈买的一大袋，可能就不会觉得有这么好吃了！发完后，果然有8个孩子没有拿到，我说："你们放心，明天一定给！"我还说："这可是阿胶蜜枣，最适合咱们女性吃了！尤其是贫血的女性。"果儿特别懂事地说："我带回家给我阿姨吃，她就有些贫血。"润东也说："我爸爸妈妈都不在家，我给谁吃呢？"我说："能想到别人，就很不错啦！看看哪些同学能管住自己哟！"

事隔几天，润东妈妈告诉我，小润东回家看着这个枣子，立刻表态："给对门的孙奶奶吃，因为孙奶奶对我很好。"他就忍呀忍呀！可最终还是没有忍住，自己吃了，但从心里又觉得对不住孙奶奶，还总是愧疚地说，下次有枣子一定给孙奶奶留着。哎哟！听到这样的话，我不仅欣然一笑，这就是孩子呀！纯真，坦诚！我决定周一补给他一个枣子，一定不要让他觉得自己的做法犯了多大的错。

一颗枣子，一片红心，多好啊！有时候分享带来的快乐远远超过物质本身的价值，不是吗？

不做"老虎"，让心靠近

何 炜

六年级临时接班，遇上了一群特别有个性的皮孩子。进班先立威！公平、公正、公开的班风建立中，我的雷厉风行、不苟言笑让孩子们着实乖巧多了，其结果却是——班主任的课绝对"给面儿"，其他学科课堂全凭兴致。那时的我根本不敢出差，生怕"老虎"不在家，班级会出事儿。

恰逢教材中一篇习作《老师不在的时候》，我鼓励孩子们敞开心扉，以班级原型进行创作，老师努力保持平和心态阅读，坚决做到不动怒、不秋后算账。感谢纯真的孩子们，给了我一份真实的反馈，生动逼真的描述中，我仿佛亲眼目睹教室里那戏剧性的场面，孩子们那滑稽可爱的样子，让我忍俊不禁。

幽默可爱的余同学写道：

我们班的同学，天天都在扮演着两面派的角色。老师在和不在的时候，简直是天壤之别。老师在讲台上站着，下面鸦雀无声，一片寂静，连一粒沙子掉在地上也听得见，安静极了！老师一离开教室，只听一片欢呼，同学们一个接一个地从座位上站了起来。大家欢呼雀跃，使得教室里发出一阵接一阵的爆炸声。这时，就是天塌下来大家也不会注意到。大伙玩的玩，闹的闹，班级一下子变成了菜市场。只见张同学像个猴子一样，坐在窗台上，抓住窗户的护栏。王同学把两个纸条塞进了鼻子里，一边塞还一边大声地说："看我唐老鸭的！"引得同学们哄笑。坐在我后面的李同学竟难得地展开本子写作业。只见他用小纸团堵住耳朵，笔在本子上指指点点。可能还是能听见声儿吧，他的脸、耳根都涨红了，像一个大得吓人的、熟透了的樱桃。不一会儿，他的脸上冒出了一大片细小的汗珠。终于，他无奈地合上了本子，把笔往书包中一扔，用袖口擦了擦脸，发出"咯咯咯"的笑声。

这时，张同学从窗户上跳了下来，跑到讲台上，拿一个破扫帚当吉他，在那儿一边装着弹，一边像个毛毛虫似的扭啊扭。王同学见张同学抢了自己的"风头"，便三步并两步走上讲台，一脚把张同学"踹"了下去，说："你别在这儿哗众取宠了。"然后，大声讲起了精彩的笑话，弄得全班哄堂大笑。

突然，一个同学从外边冲了进来，大喊："老师回来了！"同学们一个个"闻声丧胆"，以百米冲刺的速度奔回了自己的座位……老师走进了班级，见一个个同学都在复习，便露出了笑脸，接着开始上课了。

乖巧善思的陈同学写道：

不知为何，我们班的同学真是愈来愈怕老师了，一个个都像是老鼠见了猫似的，恨不得地上有一个大洞把自己给藏进去。上课时，有的同学被老师点名起来回答问题，总是一脸惊慌。

这天，老师安排我们在班里写作业。不一会儿，老师悄然走出教室，身影在门边一闪，便看不见了。没过多久，沉闷的气氛从班级里消失了。这时，一个大胆的同学四处望了望，见老师不在教室里了，马上沉不住气地大叫起来："嘿！老师走啦！"同学们一阵骚动，一时间，安静的教室变得热闹起来，欢呼声、大笑声、讲话声不绝于耳。同学们有的把写的纸条折成一架飞机，抛向别处；有的做各种怪相，故意引别的同学发笑；有的在与前后左右的同学大声聊天；还有的扯开了大嗓门，"啊啊啊"地唱起了歌儿……只有几个自制力比较强的同学，在喧嚷的教室里，依然专心致志地写着作业，好像根本听不到那些噪音一样。

"哈哈哈……"一阵阵笑声从第三、四组传来。咦！这是怎么啦？我急忙投去目光。呵！原来是唐大！他手里拿着一团紫色的"拉面"（一种胶类玩具），一边将"拉面"粘在手上一边大叫："好黏呦！"真是无聊，我厌恶地转过头去。

这时，又是一阵不堪入耳的歌声从我的身后传来，这又是谁呀？回头一看，原来是沈在放声歌唱呀！只见他闭着眼睛，眉头微皱，一只手放在胸口，另一只手像是抒发自己的感情似的向前伸展开来，似乎很是陶醉。可是，他的歌声却没有得到什么好评，反而是被大家一致"轰"下了台。没有办法，他只好乖乖地闭上了嘴。

猛然间，只听"嗖"的一声，一个白色的纸团击中了我的脑袋。我气愤地回过头去，可大家都在与伙伴们大谈特谈，谁才是那个朝我扔纸团的人呢？我一时也没了主意，只得把纸团狠狠地砸进垃圾桶里。

此刻，不知是谁大叫了一声："啊！老师正在门后瞧着我们呢！"大家连忙回过头去……呀！只见老师正笑盈盈地望着我们呢！不少人背后直发毛，毕竟他们刚才的一举一动，都是在老师的眼皮底下呀……

哎呀，这一次，那些"两面派"的面具可算是彻底被撕破喽。

谨言慎行的刘同学写道：

下课休息10分钟，所有人都抓紧享受着悠闲的时光。等音乐铃声结束后，同学们才"不情愿"地进了教室，所有人都做好了上课的准备，只等老师来了，但过了很长的时间，老师依然没有露面，原本安静的教室又骚动起来。

也不知是谁喊了一句："老师不在办公室！"教室顿时乱成一锅粥，窃窃私语也变成了大声嚷嚷！"周董"在我们那块开起了演唱会，"先为大家带来《我很忙》这张专辑中的主打曲《牛仔很忙》。我虽然是个牛仔，在酒吧只点牛奶……"起哄伴随阵阵欢呼："偶像，签个名吧！"大家都在为"周董"捧场，正当"周董"准备继续释放"激情"，人称"油菜花"的"华哥"忍不住了——不能让"周董"把自己的风头全抢光了，来了一段活力四射的迪斯科，引得教室后方又是一阵狂笑！可是，这两个"活宝"怎会这样就停下来呢？"华哥"眼珠一转，对着"周董"一阵窃窃私语，"周董"连连点头。同桌对正在埋头苦写并且已被大家遗忘在角落的我说："别写了，有比好莱坞大片还大片的好戏看了！"我立刻抬起头来，发现"油菜花"同"周董"在合唱《青花瓷》。"周董"那小得可怜的眼睛里荡漾无限的欢乐与惊喜，方方正正的脸，一歪一歪，沉醉其中。我回想着这两人平时在老师面前的乖巧样："周董"认真听课，积极发言；"油菜花"就一个"奶油乖乖小生"，遵守课堂纪律，对家庭作业从不敢怠慢，生怕被老师训。再看看现在的他们，真是"两面派"，我乐呵呵地笑着。前面的同学看着自己同桌所干的如此无厘头的事，也哈哈大笑起来！教室里，欢笑声、说话声，奏出一首多么奇特的交响乐呀！

"老师来了！"一声耳熟的声音响起了！同学们尖叫着坐好，教室里顿时鸦雀无声，静得只听见同学们急促的呼吸声。老师走进来，用一种十分怀疑的目光打量我们，好像在说："这帮猴孩子葫芦里卖什么药，今天教室怎么这样安静！"大家有默契地相视一笑！

果敢率真的陆同学写道：

咱们班总是充满活力，似乎随时迎接挑战，在我看来是全年级最活跃的，哪怕是老师离开教室一秒钟，我们也能掀起一股热潮！

我们班有个"活宝"——沈同学，他是从别的学校转来的，长得特别小，是最典型的"三面派"哦！在老师面前别提有多乖，像一只可爱的小猫；在同学面前称王称霸；而在女同学面前爱耍酷，自称"沈帅哥"，经常招来不必要的麻烦！

打了两次上课铃后，老师会来上课。可是今天有点反常啊，老师咋还没来？大家又等了三分钟，咦！怪了，还没来！该不会今天英语老师放大假吧！我边望着窗外边想。这时，班上几个"活宝"忍不住了，开始像讨厌的苍蝇一般"嗡嗡"地小声讲话，随着"规模"扩大，讲话的人越来越多，都成枝头摇摇欲坠的蜂窝了！突然，从第一组第三排右边发出了一声惨叫"啊——"顿时，班上安静了下来，我想：是谁呀？应该是然同学又惹汪同学了吧！仅一秒钟后，全班一阵狂笑，王同学那种特别的笑声我听得特别清楚。

沈同学和同桌堪称"冤家"，也不知结了什么仇，两个人天天吵架。沈同学爱招惹同桌，这不，又吵起来了。同桌使出了"扭扭法"，这可是咱们班女生的"独门秘籍"，沈同学不甘心败在一个女生手上，便再次进行"攻击"，这下同桌借用她的地理优势，一下子把沈同学从板凳上撞了下来。坐在地上的他样子特别狼狈，他用右手撑着地慢慢站起来，用左手捂着屁股慢慢地、轻轻地坐回板凳。旁边的人笑得前仰后合，沈同学不好意思地说："别笑了，你！"……我想，一定很疼吧！呵呵，干吗给自己惹事呢？正当大家高兴到极点时，老师进来了……

智慧正义的夏同学写道：

课堂上有老师在场，同学们一定会安安稳稳，把腰板挺得像麦秆一样直地听课。如果说老师不在场，那教室里会是怎样一幅情景呢？

前不久，我们的英语老师Miss Yao突然生病去医院了，我们就过了一堂老师不在的课。俗话说"山中无老虎，猴子称大王"，班里乱得真像马蜂窝了。课代表"忠于职守"，在讲台上大练"河东狮吼"，但双拳难敌四手，更何况我们是六十多张口，所以终因寡不敌众，败下阵来。此时正在"硝烟战火"中奋笔疾书的我，突然感觉背后痒痒的，一转头，原来是绍安在用手戳我。我定睛一看，桌上摆着一盘棋，他正在和贾浑水摸鱼——下棋呢。只见贾洋洋得意，一脸胸有成竹的表情。不用问，是绍安遇到了麻烦，想拉我来

不做『老虎』，让心靠近

做参谋。果然，绍安说："作业回去写都行，一起来下下棋吧。"我看看周围"硝烟四起"，心想："这也有道理，难得这机会，不如乘机摸一把。"于是，我答应和绍安兵合一处，拿下这盘棋。绍安见把我拉过来了，刚才的紧张和忧愁顿时消了不少。只可惜这盘棋经他之手，我方已是惨不忍睹，虽然我奋力挽救，还是以失败告终。赢了棋的贾笑得合不拢嘴，说："跟我下棋，输了也是你们的荣幸。"绍安可不服气了，一挥手，说："再来一局！"我也来了斗志，干脆趴在桌子上，全神贯注地下棋。不知是我们弄的动静太大了，还是周围的同学太空闲，这一盘棋刚开始就引来了不少"热情观众"，他们围在桌子旁边指指点点，可是许多同学都赌贾赢，虽然这样，支持我方的少数派还是有的。就这样，"观众"开始了争执。他们争他们的，我们还是要下我们的。刚刚得胜的贾到现在还没回过劲来，依旧是一副洋洋得意的样子，随手布了局。而我和绍安则是边下棋边开"小会"，商量应战对策，导致棋一会儿走一会儿停。旁观者是无所谓，围成一个圈津津有味地看着。贾可不乐意了，他就像一只猴子，才等一会儿就不耐烦了，左看看棋，右看看棋，又把头伸到我们面前，催道："哎呀，快点！不就下盘棋嘛，怎么那么慢。"说完，若有所思地笑了笑，说："嘿嘿，是不是因为我棋下得太好了，没招出了吧。"说着，又得意地笑了笑。但不一会儿，贾就不笑了，原来，在他马虎大意的时候，已经被吃了"车"和"马"这两个主力大将。这下，大多数支持他的同学"见利忘友"，立刻来了个一百八十度大转弯——加入到支持我们的行列，气得贾直捶桌子。棋还是要下，贾很快就冷静下来。他手托着下巴，也不像刚才那样窜来窜去，而是静静地坐着，不知是在后悔，还是在思考对策。可胜负已定，贾再怎么挽救也都无济于事。最终，他还是输掉了这盘棋。这回轮到我们得意了，我和绍安欢呼了起来，为自己的胜利而庆贺。贾说："输了输了，再来一盘！"我们一口答应。于是，一场激战再次展开。

美好的时光总是过得很快，转眼间，下课铃声响了。

沉稳谦和的李同学写道：

一天下午，上课铃响的时候，同学们都在收拾课本，准备上课。一切都显得十分平静。可是，过了半天，也不见老师的影子，往走廊上望一望，半个人影都没有，别的班级里传来了有节奏的读书声。"这就怪了，老师怎么到现在还没有来呢？"同学们议论纷纷。许多同学见老师还没有来，便有效地

"节约"时间：有的在预习；有的在写作业；还有的伸出头在走廊上四处观望，看老师来了没有。

又过了几分钟，不知是谁喊了一声："既然老师还没来，还可以再玩玩嘛！"这一喊，教室里全乱套了。同学们似乎受到了"启发"，许多同学窜下座位，干自己想干的事情去了。原先安静地看书写作业的人待不住了，开始聊天、讲话。有的掏出了手机，在混乱之中玩得还挺起劲儿。手指快速地按着一个个按键，一边还嚷着什么"冲啊""杀"之类的话，一听就知道他在玩格斗之类的游戏。有的同学从这个座位窜到那个座位，好像哪儿都是"家"，不需要担心。瞧，那个同学正兴致勃勃地和别人聊天，眼神里充满了兴奋、渴望和期盼，时不时用手比划着什么，以增强影响力。殊不知他现在的样子有多怪，他竟然是站在板凳上的！

再往黑板上一望，嘿！真是不看不知道，一看吓一跳。黑板上现在挤满了人——大多是班上的激进分子，没少挨老师的训。可现在，他们真是像飞出了笼子的小鸟一样轻松自在！黑板现在已沦为"涂鸦板"，惨不忍睹。什么某同学的外号，某同学的"隐私"，无不暴露在"涂鸦板"上，甚至一不留神，就会飘出一个"三毛"。

一阵吵闹声从后面传来，我好奇地回头一看，两个同学正在打架。不知是什么鸡毛蒜皮的小事惹恼了他们，现在正纠缠在一起，你一拳，我一脚，连疼痛都来不及呻吟。看他们眉毛倒竖、龇牙咧嘴，我不禁想起了"吊睛白额大虎"。其中一位愤怒地将另一位同学推了过来，我急忙跳出座位，凳子顿时歪了一大截，伸出走道，绊倒了其他同学。于是，"战争"升级了，由两人小架变为三人群架。眼见这边的推倒了那边，那边还没来得及出拳又被踹了一脚，嘴里嚷着什么"气死我了"，又冲了上去，混乱不堪。

我愣在那儿，完全看傻了。平时也没见这么热闹呀，怎么现在就成这副模样儿了？

不知过了多长时间，从窗户探出头的同学看到了一个熟悉的身影。"老师来了！"一句话使同学们突然清醒。快速地收拾好一切之后，同学们拿起书本，假装正在看书的样子。老师回来看到了，不禁十分欢喜。唉，可怜的老师呀，你知道你不在的时候有多么混乱吗！

阅读这样的文字，我时不时会笑出声来，但冷静下来想想，我的心里又很不是滋味，因为没有想到，孩子们居然那么畏惧老师！孩子们的文章中，高频率用词"两面派"让我陷入沉思。为什么孩子要做"两面派"呢？

作为老师的我，一直希望学生能喜欢我、尊重我，但绝不是简简单单地"怕"我。我们之间能互相理解，彼此信任，坦诚地释放自我，是多么美好！可如今，在老师的面前，孩子们收敛了很多，正襟危坐，小心翼翼地隐藏着自我；而当离开老师的视线后，他们的伪装瞬间瓦解。我似乎可以清晰地看见，师生间那条生硬的分隔线。

我困惑他们怎么会那样做，太让人寒心了！这样的师生关系是我追求的吗？真想冲进教室，拎出那几个角儿，"杀鸡儆猴"！可又不能违背当初的承诺——努力保持平和心态阅读，坚决做到不动怒、不秋后算账。天啊，我该怎么办？情急之下，我按捺住内心的焦急和不悦，找来几位精妙文章的作者，首先表扬他们的大作如何酣畅淋漓，现场感怎样强烈，接着引导他们思考，分析原因，并写在卡片上。

余同学说，老师在的时候，大家的心都像一匹匹被缰绳束缚了的野马，老师一走，这"缰绳"就被解开了，大家就自然变成了"脱了缰的野马"，难免会情绪激动，想发泄一下。首先是几个"心理防线"松的同学抑制不住了，叫了出来，其他同学就像一包炸药，导火索着了，就必定会"爆炸"，才造成了这个全班哄闹的现象。唉，对不起老师对我们的信任呀！

李同学说，同学们这样表里不一，恐怕是觉得下课没有完全放松，不够尽兴，或是还未从课间的快乐时光中清醒过来，还沉浸在欢乐氛围之中，于是抓住了这个难得的"机会"。可是，他们却没料到浪费了多少宝贵的时间啊！我希望同学们能够玩好，也要学好，这样才能健康成长。

刘同学说，老师不在的时候，与其说是同学们最天真烂漫的时刻，不如说是那些"两面派"现"原形"的时刻呢！而造成这种现象的原因，我想应该是老师平时对大家太严肃了，大家总认为老师们是严肃甚至严厉的，所以在老师面前只好乖乖的，老师不在的时候，再好好地释放"激情"。我很希望老师们能多笑笑，让大家不会想扮演"两面派"！

陆同学说，大家在老师背后这样"疯狂"：第一，大家看到老师就会约束自己，不敢在老师面前放纵；第二，到了毕业季，大家都沉浸在紧张的学习气氛中，偶尔放松一下，借"机会"好好发泄一下，消除疲劳。可能太

"过"了，但我们的想法很简单，老师们应该可以理解吧。

夏同学说，也不知道是不是同学们平时的压力太大了，每到自由活动课时，大家总显得格外兴奋。虽然在课上玩游戏并不太好，但我认为，偶尔放松一下也不是不可以。大人们总是给我们压力，我们就不禁想减轻压力，在这堂老师不在的课里，大家玩得都很开心，当然了，我也不例外。只是希望下次的动静不要太大。

陈同学说，一方面他们想做自己喜欢的事，即便在错误的时间和地点，做了不相干的事情，并且影响了他人；另一方面，由于每个人对监督、压力的自然避让，不想给老师留下坏印象，更怕遭到老师的批评、家长的指责。所以，他们在老师在与不在时判若两人，给旁观者上演一幕幕"两面派"的闹剧。依我来看，"两面派"之所以害怕老师，不敢在老师面前露出自己的"真面目"，一是自己知道自身行为的不妥，只是缺乏足够的自控能力，二是害怕老师看到自己的不足，影响自身形象。其实，老师是我们的大朋友，被老师发现了弱点和缺点也并不可怕，相反"以师为鉴"发现自身不足，并努力予以改正，你就会发现自己越来越自信地站在老师面前表现自己。我想，老师不在的时候，其实是留给你一面镜子，可以看出真实的你。

孩子们如释重负地将卡片交给我，像军队中的智囊团与我肩并肩站在了同一面，在我赞许的目光中离开办公室。不时有几个孩子回头望望我，眼神里闪烁着丝丝愉悦，似乎还透着些许对老师的同情和理解。看着手中的卡片，回忆和学生在一起的点点滴滴，我开始反思自己的言行：虽然提倡民主、公正、开明，但总体还是严厉了些，少了点人情味儿；虽然不乏幽默风趣，但绷着一脸严肃的时间还是长久了些，思想上过于焦虑；虽然口口声声强调与学生做朋友，但又总是以长者自居，一幅"吃的盐多了去"的表情，意味深长地说着大智大慧的话语；虽然有时已到了开怀大笑的境地，但为了保持教师的形象，总藏着掖着躲在书页中偷着乐。

哎呀，不敢再想了！如此客观的审视中，我变得如此矛盾、不可爱，连我自己都有些害怕这个奇怪的"我"了，学生怎能不怕呢！

是啊，什么事都要辩证地看待。在某种权威的"俯视"下，我们自然会少了些自我，只能不断约束自己尽量不要犯错，以防变成不讨好的另类。生活在这个复杂多变的社会，我又何尝不是"变化"又"变化"，揣着或多或少的"两面派"在城市间穿梭、游离？更何况是天真、弱小的孩子们呢？

正如他们自己所说，也许是压力大了些吧，也许是快乐少了点儿吧，也许是老师太严厉了吧，总之，他们想得很简单，释放得也很简单，老师应该能理解吧！

好啦，理解他们的"两面派"，原谅他们，因为我也曾经是个孩子，也因为——在他们眼里，我有时候也的确不那么可爱。

几年后，一本《第56号教室的奇迹》在中国教育领域风靡，让我认识了一位了不起的教师，他是美国"总统国家艺术奖章"获得者、"全美最佳教师"——雷夫·艾斯奎斯。有幸的是，他受邀来到合肥，在安徽大剧院为我们做了一场精彩的讲座，分享他的爱心和智慧，尤其是关于"品格教育的六个阶段"给了我深刻的启迪。我不想惹麻烦、我想要奖赏、我想取悦某人、我要遵守规则、我能体贴别人、我有自己的行为准则并奉行不悖，这六个阶段的成长需要我们的教育智慧。

雷夫说："你可以通过经验、耐心，以及从失败中学到的教训，打造一间以信任为基础的教室。孩子们知道你公平待人，可以依靠。孩子们知道只要身边有你，就很安全，而且还能学到事情。以信任为基础、毫无恐惧的教室，是孩子们学习的绝佳场所。"

我也要打造这样的教室，这样的班级。不做"老虎"，让心靠近！

走入学生心灵的金钥匙

王　艳

披着落日的余晖，我和同事耐心地对照路牌，寻找着学生的家庭住址，开始了今天的家访。

第一站，我们往小同家走去。

小同是个普通的孩子，普通得连他的妈妈对他都没有足够的自信。

他妈妈问我们："是不是我儿子在学校犯了什么错?"我马上解释说："您不要误会，我们来家访并不是因为你的孩子出了什么事情，而是我们需要了解一下学生的家庭环境和生活环境。"听到这里，他爸爸妈妈才露出笑容。

然后，我们谈了孩子在学校里的表现：这是个基础比较差的孩子，贪玩，上课总是魂不守舍，下课却精神焕发。尽管近期有所好转，但是，家庭作业只要有一点难度就不做。希望家长能够督促孩子完成好作业，培养孩子良好的学习习惯。

家长表示十分愿意与老师配合，但也说出了自己的困难：孩子爸爸的工作性质决定了他没有时间照顾孩子，妈妈在孩子的心目中威信不高，儿子的学习习惯又不是太好，每天回到家里，第一件事情不是完成当天的作业，而是与小朋友一起玩耍，直到天黑才回家吃晚饭，吃完了又开始看电视，直到睡觉。因此，他的家庭作业总要打折扣。家长盼望老师对他的孩子严加管教。

看着家长带着歉意又满怀期待的目光，我明白，工作有一定的难度。但我们仍感到十分欣慰，毕竟我们的家访是有收获的，收获了老师与家长的沟通，收获了家长的理解。孩子是家长的希望，而教师又是希望的助推器。对于孩子，我们需要了解的确实很多，对于小同这样的家庭，我们应给予他更多的关爱。

夜幕降临，我们向乐然家走去。

进了他的家门后，他那么彬彬有礼地问好，给我们倒茶。孩子他妈和我们聊天的时候，他就静静地写作业。

我和他妈妈说起了孩子在学校的表现："乐然不但能管好自己的学习，还能帮忙管理其他同学，真是个不错的小能手呢。"聊着聊着，乐然妈妈谈到了孩子每次作文总是完成不好。望着家长担忧的眼神，我告诉她，因为孩子阅读量太少，没有词汇，文章就没有起色，使得兴趣索然。我会在以后的教学中帮助这个孩子培养写作的兴趣，也希望家长引导孩子多读书、多积累。我们共同配合，提高孩子的写作水平。

家访中，我们发现了乐然的过人之处，他的英语水平很好，词汇量丰富，口语好。一同家访的英语老师说："乐然不爱在课堂上表现自己，是家访让我发现了他，也是家访让我和这么出色的孩子有了充分的接触！"

学生是稚嫩的，是需要呵护的。在学校，我们面对几十个孩子，可能顾及不到每一个孩子。而家访恰恰可以弥补我们工作的不足，可以让我们和学生走得更近，让学生感觉到老师在关心他、爱他。

在昏黄路灯的陪伴下，我们向下一个目标——颖琪家走去。颖琪是一个乖巧的女孩子，但在学校缺乏自信和活力。

来到了颖琪的家里，映入我们眼帘的是温暖舒适的小卧室，在卧室一角摆放着多功能电子琴，书架上满满的画册，应有尽有的故事书，再加上一家人和睦幸福的微笑，这是多么令人羡慕的一幅画面呀！

再坐下来细细聊，知道了孩子在家的表现及她的爱好、特长，我当即让拘谨的孩子给我们表演了一段电子琴演奏，在美妙的旋律中，我感受到了那颗可爱的童真童心。一曲演奏完毕，我们报之以热烈的掌声。

看到孩子露出害羞又喜悦的笑脸，我想，在提高学生基本素质的同时，我们总是把更多关爱留给那些学习上有困难的孩子，经常对他们进行个别辅导和家访。但事实告诉我：中等生同样期待老师的关爱。这次家访，我相信我找到了培养她自信心的方法，我也相信这个内向的女孩在梦想的天空一定会飞得更高、更远！

夜色渐浓，我们结束了今天的家访，但是留给我们的不仅是对孩子的了解，与家长的沟通，更多的是对如何帮助学生健康成长的思考。我深深地体会到，家访真是我们基层教育工作者不可或缺的金钥匙啊！它打开的是教师、学生、家长间的千千结，架起的是家庭、学校沟通的希望桥。凝望家长与孩子的笑脸，手与手相牵，虽然累，心里却甜透了。

谎言的背后

凌晓赟

这是这个学期发生在我们二年级（1）班的一件真实的事。

首先，让我来介绍一下我们班的两个小成员：小婕，女生，性格大大咧咧，她最让我欣赏的地方，就是思维敏捷，课堂发言特别积极，语言表达能力强，每次的课堂发言都非常精彩；小清，性格比较内向，平时总是一张笑脸看着你，挺朴实。

故事就发生在这两个人身上。

星期三下午，我一走进教室，小朋友就七嘴八舌地告诉我，班里失窃了，有几位小朋友的水彩笔和自动铅笔不见了。我马上开始了调查。一位小朋友反映，下午第一节课是体育课，小朋友都在操场上上课，等他们回来，笔就没了。又一位小朋友说，小婕和小清没有出来上体育课。我马上询问他们："你们留在教室里，班里发生了什么事，你们最清楚，知道谁拿了东西吗？"大家的目光一齐投向他们两个人，小婕首先站起来："凌老师，下午我们来迟了，同学们都走了，我们怕去迟了老师批评，就留在了教室，可是我们没有拿，真的！"说这话时，她一脸镇定。看来应该不是她，我这么想着。

"可是你们在教室，应该不会有人来我们教室拿东西，笔怎么会少呢？"我又追问。

小婕继续说："我们在教室看了会儿书，就去了厕所。回来的时候看到有不认识的哥哥从教室那边走过。后来，我们就在教室里写字了。别的就不知道了。老师，我们下次一定去上体育课。"这两个孩子平时天真可爱，谁也没发现她们拿过别人的东西，于是，我相信了她们。我想，也许就是那些不认识的哥哥拿了那些笔。看来这个案子难破了。

放学了，小清来到办公室，手里拿着两支崭新的铅笔递给我："老师，这是小婕给我的，就这么多，我交给你。"我一愣，对她们我真的一点儿也没怀疑过，怎么会这样？"小清，其他的笔呢？""不是我拿的。"这下我心里有底了。

于是找来小婕，"小婕，你把拿来的笔放哪里了？"她先是一愣，接着大哭起来，坦白了一切。"起先我不想拿别人的东西，我们在教室画画。然后，我提议翻翻同学的书包拿一些水彩笔画画。后来，我觉得害怕了。就跟小清说，咱们就说看见大哥哥来过班里，我们死也不承认。老师，我错了，我把拿的东西还给同学，请你不要告诉我妈妈，也不要告诉同学，不然，他们会看不起我的，求求您了。"

听完小婕的解释，我陷入了深深的沉思中：她不过是八岁的孩子，还没有自控能力，如果一时糊涂拿了别人的东西，这不是什么不可原谅的大错，但她却能编出这么完美的谎言。说实话，如果不是小清主动承认，我是不会继续怀疑她们的。而小婕却能面对老师和同学的追问，如此镇定，面不改色，说出为自己开脱的言语。这真可以用"狡猾"来形容。

由此，我想到了小婕的另外一些事：有时作业没交，就说忘记在家里，并信誓旦旦地说一定带来。一旦做错了事，就用谎言来搪塞以期能躲过老师和家长的批评，缺乏承担错误的责任和勇气。如果长此以往，她很可能就会养成说谎的习惯，或许还会成为一个没有担当，遇到事情只会逃避的人。这对她的健康人格的养成会有很大的影响。

通过与小婕的交流和家访，我逐渐发现了一些原因。

小婕的家庭有些特殊，小时候在外婆家长大，后来，爸爸离开了家。现在她的妈妈带着她。妈妈工作很忙，但很疼爱她，同时，对她的学习要求也挺严格。可能因为这些原因，她比别的孩子要成熟些，有时闯了祸，想着撒个谎就没事了，慢慢地尝到了撒谎的甜头。因此不但在家里说谎，还在学校里说谎，谎言也越编越好。

怎样才能让这件事圆满地解决，能让小婕真正认识到错误，改掉说谎的毛病呢？恐怕光靠说教很难奏效。我想最好的办法就是让她从心里唾弃自己的这种行为。

知道小婕挺爱看书。于是，我和她讲了一些古今中外有关诚信的小故事，在她的情绪被故事中的人物所感染时，激励她："你是个聪明的孩子，应该能分辨是非。你想做哪种人？"

经验告诉我，要想让她真正认识到自己的错误，并且不让这件事在她心底留下伤痕，光靠这些话是远远不够的。于是，我又在班里进行教育，我首先对小朋友说："笔已经找到了，现在还给你们。"看着小朋友疑惑的神情，我把话锋一转，又笑着说："大家觉得凌老师好吗？"小朋友都说好，"可我觉得自己也经常犯一些小错误。"这下可热闹了。"老师，我上次交钱给你，你找错了钱。""老师，我上次有个字写错了，您没看出来。"我高兴地说："谢谢大家对我的批评。看来老师有时有些马虎，以后一定注意。我们每个人都不是十全十美的。你有缺点吗？"很多小朋友都谈了自己的缺点。这时，小婕也坐不住了，站了起来，她说："我有时会说谎，这次我拿了同学的笔，请大家原谅我。"我带头鼓起了掌，"小婕，你真是一个勇敢的小姑娘，老师相信，你一定会逐步改掉自己身上的缺点的。"在大家的掌声中，我看见小婕的脸上露出了笑脸。

我们很多时候，在得知学生撒谎时会忍不住训斥、责备、惩罚，也因此学生才会撒谎、圆谎、再撒谎。该如何对待这样的学生呢？在教育他们时，首先要控制自己的情绪。不要粗暴地对待撒谎的学生，也不要立即联系家长，一定要有耐心，给予学生一个自我反省的机会，让他意识到自己的行为是错误的。如果学生还是没有认错的态度，教师再拿出确凿证据给他，攻破他的心理防线，他自然就会认识到自己的错误。在对待经常撒谎的学生时，教师一定要冷静处理，不要因为这个学生经常撒谎就对他失去信心，遇事武断下结论，这样会让学生没有自尊。可以事先了解事情的经过，询问学生或走访家庭，等自己对学生撒谎的事件有了正确的判断之后，再做结论和处理。学生在一般情况下，是出于自我保护心理而撒谎，对于这样的学生，教师要改变自己的教育方式，不要动不动用惩罚或粗暴的训斥教育学生，而应采用温和的方式，这样学生才可以接受，也就没有必要因为自我保护而撒谎了。

其实孩子就是一张白纸，在教育过程中，我们可以多一些爱心，多一些信心，多一些耐心，那么这张"白纸"一定会变成色彩斑斓的美丽画卷！

有你在，真好

杨　玲

　　"报告！杨老师，班里的卫生已经全部打扫好了！"一个清脆的声音在办公室里响起。我抬起头看到一个戴着眼镜的、个头小小却充满自信的小男孩。"谢谢你啦！有你在，真好！"在看到我的微笑，听到我的话后，他习惯性地摸摸头，嘿嘿一笑，快活地跑出去了。谁又能想到眼前的小政就是一年前让老师们都头疼不已的麻烦学生呢？这一切变化只因为一次选举……

　　一年前，只要一提起我们班，任课老师都不禁摇着头说："其他学生都挺好，就是那个小政，怎么说都没用！那张嘴巴真让人受不了！"一个堂堂的男孩子却长了一张特爱说话的嘴，就像一只小应声虫一样，你说一句，他学一句，上课的时候动个不停，东摸摸，西捣捣，弄得周围同学不得安宁！天生的急性子，一惹就毛，打起架来也少不了他！为此，老师们找过他很多次，可最多保持十分钟，过一会儿又一切依旧了，真令人头疼啊！老师们着急，他的爸爸妈妈也着急！

　　有一天，小政来到我的办公室，吞吞吐吐地告诉我他想参加班级中队委的竞选。说实在的，他当时并不具备中队委应具备的条件，无论是威信还是平时的表现。可没想到看似散漫的他心中还有这样的心愿，直觉告诉我这是一个转变他的很好的机会，我便高兴地接受了他的请求，让他好好准备竞选演讲。与此同时，我与他的妈妈取得了联系，请她全力支持儿子参加这次竞选。在妈妈的帮助下，小政的竞选演讲非常成功，坚定的态度、深刻的检讨、诚恳的语言冲淡了同学们的疑虑，抹去了同学们的成见。最后，他赢得了很高的票数，并主动走上了最辛苦，也是最磨炼的人的岗位——劳动委员！

　　从此，他就像变了一个人，每天最早来，最迟走，忙碌在教室里、走廊上，哪儿忙不过来就动手帮忙扫。自从他当了劳动委员以后，我很少过问班级的卫生，可我们班的卫生评分每次都排在年级前列，他用他的汗水，用他的努力赢得老师同学们的信任，成为了班级的功臣。更可喜的转变是他上课开始严格要求自己，每堂课都坐得笔直，为了怕自己分心，眼睛始终跟随着老师。他的妈妈问他："能坚持住吗?"他用一副奇怪的表情看着妈妈说："那当然，我是中队委！我要是表现不好，大家就不听我的了！"他是多么渴望能得到父母、老师、同学的肯定呀！于是，我和他的妈妈约定在家校联系本上记录他的点滴进步。每当他看到这些褒扬的语句时，总会乐上一阵子！一句句表扬，一句句赞赏给了他自信，给了他继续努力的动力，将他一步步引向成功！

在这一转变过程中，家庭和学校的配合是很重要的。教育学家苏霍姆林斯基说过："生活向学校提出的任务是如此的复杂，以致如果没有整个社会，首先是家庭的高度的教育学素养，那么不管教师付出多大的努力，都收不到完满的效果。"学校教育要实现学生全面、和谐地发展，离不开学校和家庭这"两个教育者"的密切配合。

甘为铺路石

葛卫玲

有人说，儿童是花木，教师是园丁，园丁悉心照料着花木，但需要尊重他们让其自然成长。又有人说，儿童是一本书，教师就是读者，虽然要读懂这本书并非易事，但要成为一位出色的教师就必须去读他，并且打算读一辈子。实际上，儿童比花木要复杂得多，比书本要深奥得多，教师的工作比园丁尽心、比读者多思，尽管他们拥有着共同或共通的规律。

记得刚升入四年级时，优秀的小冠上课像换了一个人似的，平常课堂上神采飞扬、聚精会神的样子不见了，取而代之的是一会儿无精打采、一会儿低头沉思，有时甚至偷偷在抽屉里做着小动作。有一天上课他又做起了低头族，趁他不注意，我一个箭步冲过去，原来抽屉里躺着一本漫画书，正吸引着小冠呢。下课后看着小冠来找我承认错误，如小女孩般低头扭捏的样子，真是又好气又好笑。原来最近他被漫画书迷住了，休息时看、吃饭时看、躲在被窝里看，甚至连上课都控制不住偷偷地看。小冠是个机灵懂事的学生，这样的转变我看在眼里，急在心里。

如果一棍子打死，以命令式的要求他不能读漫画书，这不符合学生的成长规律，也不符合教育的特点。不是说好孩子是夸出来的吗，我就来想个办法在"夸"字上做做文章。

第二天我找来小冠，首先猛夸了他一番："小冠，你在我的眼里是个棒小伙。我发现你特别爱看书，我这有一本《迪士尼智慧故事》，我先送给你看，希望你像故事中的人物一样有智慧。"这是我特地为他找的一本书，那本书的质量很好，纸张厚实，文字优美，配合着每一个故事都有一幅幅色彩鲜艳的图画，别说孩子，就是我刚拿到时，也被吸引了。不出我所料，小冠拿到这本书立刻喜欢上了，脸上露出了微笑，眼里闪烁着灵光。接着我继续夸他："你知道吗，在全班男同学里，你说起话来声音特别好听，朗读课文同学们都爱听。下个星期班级将举行读书交流会，我提前把消息告诉你，你回去准备准备，试着把这本书上的故事讲给大家听，同学们一定会喜欢的！""好的，谢谢老师!"他高兴地走出了办公室。果然,夸是有效果的。接下来的读书交流会上他不负众望,故事讲得非常好,获得了大家的一致好评。

一"夸"获捷,再接再厉,我的二"夸"该出手了。在那天的读书交流会总结中,我点名表扬了小冠看书认真,每天都能坚持看书,所以今天才表现得这么好,这是他每天积累的成果。作为今天的功臣老师要给他奖励。一听有奖励,全体学生都来劲了,一个个都挺直了腰杆,伸长了脖子,瞪大了眼睛,盯着我。我拿出一本《名人成长故事》当着全班同学的面,走到小冠面前,把书递给了他,并鼓励他:"希望你仔细阅读这本书,从这些名人的成长中获得帮助。我很看好你,你的将来会很棒的!"在他的日记中这样记录了这件事:"葛老师给我的这本书我可爱看了,一看就能看一个上午。葛老师不光是给了我书看,还给了我精神上莫大的鼓励,让我更喜欢看书了……"

三"夸"就不是我一个人"夸"了,而是充分发挥家长的力量。在阅读记录本上,我及时记录下学生的阅读表现,同时也鼓励家长记录下孩子在家的阅读情况。那天小冠的妈妈在记录本上写下了这样一句话:"他说,文字版的就是比绘画版的好看!不错,知道语言的魅力了!"这真是一个闪光点。就这句话我又当着全班同学的面赞扬了他:"小冠同学的课外阅读值得我们大家学习!在没人监督的情况下,他已经爱上了文字书,连父母都感受到了他的这种可喜变化,看妈妈都在表扬他呢!"虽是寥寥数语,但是语言的力量却是巨大的,他的腰挺得更直了,眼睛里透露出更多自信的光芒!

后来我又和他打趣道:"小冠最近又看了什么漫画书?有新的《阿衰》吗?""葛老师,我现在已经不看漫画书了,《阿衰》也不看了。""为什么?"我装作不解地问道。"还是文字版的书好看。因为文字版的书可以让人有许多的想象,而且它还可以把书里面的人写得生动活泼,有它自己的独特魅力。我感觉到哈利波特都在书里给我留了一个好位置呢!"

教育就是一出戏,每天都在现场直播!今天的努力可以让我们把明天的直播做得更好,少一些遗憾,多一份美丽!路在脚下延伸,而我刚刚起步!路在脚下延伸,而我就在铺路!不管漫长的路上荆棘丛生或是布满沼泽,我都一如既往,绝不退缩。

理解和尊重

徐　琳

　　还没下课，我正在批改作业。"徐老师！不好啦！小H的胳膊摔坏了！"还没等我应声，从门口一下子冲进来两个男生，说话的是小H，他双手扶着瘦小的小Q。此时，小Q用左手捂着自己的右胳膊，弯着腰，头上都是豆大的汗珠，由于疼痛，脸色很难看，"怎么样？去医院检查一下！"我来不及追查"肇事者"，急忙问道。他摇摇头，我扶他坐在我的椅子上，观察了一下他的胳膊，幸好穿着厚厚的羽绒服，没有伤到筋骨。

　　"怎么回事？"我问。

　　"老师，体育课自由活动，小B、小J和小Z一起把他抬起来往地上摔！"小H急急地说，"他们跑了，我就把他扶上来了。"

　　"你做得对！好样的！"我斩钉截铁地说："快把小B他们喊上来！"

　　"是！"小H应声跑下去了。此时，我已经气得不行了。

　　"老师，我被他们抓住，怎么也挣扎不开，我害怕……"这时我的耳边传来小Q怯怯的声音，我低头看着他：虽然是六年级的学生，个头却只有三年级的孩子高，圆圆的脸上布满汗珠，下唇紧紧地咬着，一副又疼又怕的表情。唉！他的自尊心该受到多大的伤害！我在心里叹了一口气，对他充满了同情。

　　"那三个捣蛋鬼！平时倚仗自己身高马大，没少欺负人。这次一定要治治他们！"我暗自思忖。

　　"报告！"小Z进来了。

　　"你在干什么！"我怒吼一声。他显然被我的气势吓住了，看了我一眼，又低下头："不是……我们……是闹着玩的……"他支支吾吾的，"主要是小J他们……"

　　"闹着玩？"我质问道："别人要跟你这样闹着玩，你愿意吗！你不觉得屈辱吗？"

　　"不愿意……"他的头垂得更低了。

"那两个人呢?"

"回家了。"

不知什么时候打了下课铃,学生都离校了,想找回他们是不可能的了。找家长!来不及多想,我先通知了小Q的家长,又拨通了三个"肇事者"家长的号码,我冷静地将事情向三位家长叙述了一遍,并希望他们带孩子来一趟,让他们自己切身感受到伤害别人给同学、老师、家长带来的麻烦,让他们主动认识到错误,这比任何说教都好。本来,有一位家长还说不方便过来,下午再来赔偿医药费。我强调说:"这样做并不是小题大做,实际上是为了你们的孩子好,不能让他们有这种以大欺小的思想意识,他们正处在小升初的过渡时期,心理也在发生着微妙的变化,如果不让他们认识到事情的后果,以后会闯更大的祸。"听过我这一番话之后,那位家长马上说:"我让孩子先过来,我马上也过来。老师辛苦了。"

20分钟后,受伤孩子的家长来了,刚进门时,一脸怒意,进来一看,我和其他先来的家长都围在他孩子身边问长问短的,态度马上缓和了许多,说:"老师,不要紧的,我带他去检查一下就行了,没事就算了。"

他们一走,其他家长立刻对我说:"老师,您看怎么办?我家这孩子平时就好去欺负小的。"

"所以,我才请你们及时过来,就是想在事情刚刚发生时,给他一次教训,这时候的教育效果最好,另外,给对方孩子一个良好的态度,也是给对方家长的一种安慰和缓冲,对解决问题有很关键的作用。"家长们连连称是,并表达了深深的歉意,站在旁边的三个孩子一言不发,表情严肃,似乎已深刻地意识到自己的这种恶作剧所造成的严重的后果。

"还好,没撞到头上,要摔到后脑勺怎么办?"有家长说,"是呀!多危险!你们侥幸没把别人摔坏,要不然,赔也赔不起!"另一位家长说。

"一点没错,你们个子高,身体壮,在班级里应该承担起爱护小同学,保护小同学的责任,怎么能欺负人呢?"我看着这三个孩子,顿了顿说:"我相信你们经过这次教训之后,一定能够反思自己的行为,知错就改,成为一个正直的人!"他们默默地点了点头,眼睛里的悔意越来越浓,我接着说:"我们经常说,人外有人,今天你们欺负弱小觉得好玩,明天更强的人欺负你,你怎么办?换个角度看看,当小Q被你们抓起来往地下摔的时候,当他向你们求饶的时候，该有多难过、多害怕啊！"

"对不起……我错了……"一个孩子轻轻地嘀咕了一句，声音里充满了悔意。家长们也纷纷表达了歉意，并许诺有什么事就打电话。

事情顺利地被平息了下来。送走他们，我不觉长舒一口气，事情解决得还算圆满。下午第一节课，刚打铃，小B的爸爸拎着牛奶和饼干来了，他十分客气地说："徐老师，真抱歉，孩子太调皮了，这是用小B的零花钱买的，向那个同学表达一点心意，谢谢您让他接受了一次教训，这对他是个莫大的帮助，感谢您！"

"谢谢您对我工作的理解和支持，相信孩子在经过这次教训之后，会反思的，并学会严格要求自己的。"我微笑着说。这时，我想起来，当时在电话里说不方便来的就是这位家长，而现在表现最热情的也是他，而三个孩子中个子最高、力气最大的也是他的孩子，可见，他是真正理解了我的良苦用心。

后来，当小B将东西交到小Q的手上说"对不起"时，全班响起了热烈的掌声。第二天，另外两个学生也带来了礼品，全班再一次响起了热烈的掌声。最终，四个孩子化干戈为玉帛，重新和好如初。就这件事，班级还开展了以"我们长大了"为主题的班会课，并写了日记发表看法，此时，班级营造了团结友爱的氛围，"以大欺小"的现象在班级里绝了迹。

事情过去有一周的时间了，我一直在反思这整件事的过程，其中有许多值得我去总结的地方：对小H助人为乐行为的肯定，对小Q这样弱小者的同情和关爱，对那三个欺负弱小行为学生的批评教育，以及对他们知错就改后的肯定，还有组织召开班会和在周记中谈看法，等等。这一系列的措施，每个细节都有理解和宽容，事事从对方的角度出发，这不正是体现出"处处有教育"吗，而我所做的一切也正是体现出教育的"润物细无声"呀！和家长之间的沟通，我也是采取"换位思考"的，做到"以理服人，以情动人"。

每一个细节都像过电影似的在我眼前闪过，在整个事情的处理过程中，"理解"和"尊重"成为我管理班级、教育学生以及和家长沟通的"法宝"，这个"法宝"也使我和学生在工作互动中达到真正的双赢。所以，我想说：让我们在工作中多一分理解，师生之间就会多一分信任；让我们在工作中多一分尊重，家长就会给予我们更多的支持。

家校合作　共育自信

金晓敏

三年级开学的第一天，办公室中只有我一人。突然，一声极其细声的"报告"在耳畔响起。"进来！"我条件反射地答道。"老师，我是来报到的。""什么？报到？不是都报完到了吗？"我一边说着，一边抬起眼来。天啊！这孩子怎么这么高，长得怎么……面对眼前这位和我一般身高、长相不太美好的女孩，我一时惊呆了。"怎么就你一个人呢？你家人没有陪你来吗？你从哪转来的？"我尽量平静心情，试着用温和、亲切的语气和她交流。"我家是外地的，我爸爸妈妈说做生意太忙，让我自己一个人来。"她和我说话时，始终将头压得很低很低。办完了报到手续，我带她进了班，还没等我介绍，班里的孩子们就纷纷议论起来。虽然大家的声音很小，但从他们的眼神中，我分明看到了惊讶、嘲笑，甚至是厌恶。就这样她开始了自己在一个陌生环境中的学习生活。经过一段时间的相处后，我发现小F同学心地善良，只是由于种种原因，她非常不自信。经过几次询问后，我大概了解了造成她自卑心理的原因。

针对小F同学的这种状态，我开始关注她，并集结学校、家庭的力量，逐步培养她的自信心。

一、用心交流，努力唤醒自信

说到交流，有时就是一句简单的问候，比如：你今天在家里吃了什么好吃的？今天天气很冷，你可得多穿点啊！有时甚至简单到只是一个代表谢意的眼神和一丝淡淡的笑意。然而就是这样却也让她觉得很满足、很快乐。因为这是她很少获得，甚至是不曾获得过的。经过一段时间的用心交流，小F同学感受到了我对她特别的关爱，脸上也常会有一丝淡淡的微笑。记得在她的日记中曾经有过这样一段话："我很喜欢现在的班级，虽然还是有很多同学不愿意和我一起玩，可是金老师却很喜欢我，一点都不嫌弃我……"看到这样的一段话，我既高兴，又难过。高兴的是小F同学不再那么自卑了，难过的是还是有不少学生不愿意和她一起玩。为此，我经常利用各种机会教育孩子们多和她交朋友。身教总是重于言传，于是在口头教育的基础上，我还给所有的学生树立了良好的榜样。游戏时，我和她是合作的伙伴；下雨时，我和她共撑一把伞；劳动时，我们又是亲密的搭档。榜样的力量是无穷的。渐渐地，她身边的小伙伴越来越多了，她微笑的次数也越来越多了。

二、联系父母，呼唤给予关爱

一个孩子自信心的培养仅仅凭借学校的力量是远远不够的。家长是孩子的第一任老师，也是孩子最信任、最在意的人，家长的态度有至关重要的作用。为此我主动找到了她在学校不远处开小卖部的父母，和她的父母推心置腹地交谈，可由于夫妻二人重男轻女的思想根深蒂固，而且他们身边还有一个长相可爱、乖巧机灵的小儿子，因此，几次谈话下来，我感觉收效甚微。这时，我打起了退堂鼓，心想这事又不是我能管得上的，何必多此一举呢？可当我每次看到小F同学闷闷不乐的样子时，我就又一次找到了她的父母，也许是我的执着打动了他们，也许是孩子的听话懂事感动了他们，父母对孩子的态度慢慢改变了，孩子脸上的笑容也越来越多了。

三、成功体验，逐步铸就自信

适度的成功体验会帮助少年儿童形成成功者的自我认识，成为自信心不断延续、发展的动力。小F同学在老师和父母的关心、爱护下，已慢慢克服了自卑心理。为了帮助她真正建立自信，我让她当上了助理语文课代表，其实也就是负责收发语文作业本。每次当她能准时将收来的作业送到我的办公室，将我改好的作业及时发回给同学们时，我都会在全班同学的面前好好表扬她一番。日子一久，她觉得自己是个特别能干的孩子，还能经常主动帮助班干完成一些班级的工作。当学校要五年级的班主任推荐一位新学期的升旗手时，我将班级中唯一的名额留给了她。当她得知这个消息时，一再追问我是不是弄错了，也一再表示自己当不好升旗手，更是一再重复着害怕升旗时自己会出差错……看到她眼神中的那一丝恐慌，我知道这次的升旗仪式对她而言非常重要，只能成功，不能失败。于是，每天下午放学后，我都带着小F同学在学校的升旗台上一遍遍地练习升旗。伴随着手机里播放的国歌声，小F同学一遍遍地练习敬队礼，一次次地练习让鲜艳的五星红旗升到旗杆的顶端。终于，在新学期的第一次升旗仪式上，在全校师生的注视下，五星红旗冉冉升起……那一刻，我看到了小F同学微微扬起的嘴角；那一刻，我感到一切的付出都是值得的；那一刻，我深知自信的种子已在她的心中苗壮成长！

　　然而正当自信心逐步建立起来时，一件偶然发生的事却差点让她再次跌入自卑的深渊。一次，学校组织做校服，孩子们都兴高采烈地走上讲台量身高。轮到小F同学了，她也笑嘻嘻地走了上去。"一米七！"做校服的叔叔大声喊道。"哈！傻大个！"不知道哪个调皮鬼嚷了这么一句，沸腾的教室顿时安静了下来，小F同学脸上的笑容顷刻间也凝固住了。"谁说个子高不好啊！金老师还就羡慕她的高个子呢！你们看姚明的个子高不高，人家还去美国打NBA呢！说不定，她以后就是中国的女姚明。到时你们肯定会骄傲地说，她是你们的小学同学呢！"我的一番话打破了尴尬的气氛，孩子们被我逗得哈哈大笑起来。那个调皮的孩子也不好意思地低下了头，小F同学的嘴角又重新浮出一丝笑容。就这样，她一点一点地找到了自信。

　　孩子缺乏自信心是由多方面的原因造成的，作为一名教师，尤其是一名班主任应该集学校和家庭的力量双管齐下，对那些学习上有困难、心理上有障碍的学生，给予更多的爱护和关心，帮助他们逐步建立自信。同时，我也更加深刻地感受到在小学阶段开设心理健康教育课的重要性与必要性。自信是人生中最灿烂的阳光，希望每一个孩子都拥有如阳光般灿烂的自信！

金钱童话的魔力

——《小狗钱钱》教孩子们科学理财

何 炜

热热闹闹的大年还没落幕，我们的耳边就会响起类似下面情形的对话：

"妈妈，我可以用今年的压岁钱买个平板电脑吗？班里好多同学都买了！"

"想什么呢！别跟人家攀比！压岁钱是用来交你各种兴趣班的学费的！"

"啊？每年都这样！我看，压岁钱倒不如直接改名叫学费好啦！"

"唉，你这孩子！"

"妈妈啊，行行好，今年能不能让我自己做主啊！"

"给你做主？那还不全花光了？"

"……"

这样的一幕，每年可能许多家庭都会上演。做家长的常常唉声叹气，认为现在的孩子太不懂事，花钱时总是大手大脚；孩子们也常常怨声载道，为什么爸妈总是不放心我，老说我不懂得珍惜？

其实，不是咱们的孩子不善良，不懂事，而是他们缺乏科学理财教育的课堂，缺乏对金钱的科学认识。理论界已有人提出新名词——FQ（财商），它是继 IQ（智商）、EQ（情商）之后又一个被高度重视的能力，是现代社会三大不可或缺的能力素质之一。国外有很多国家早已将"理财教育"作为一种早期化和日常化的教育模式加以实施。理财本身虽然是经济名词，但理财的本质不是金钱，是在实现人生的财务自由之后，实现人生的幸福自由。对儿童进行理财教育，既是科学，又是艺术。我们为何不能为他们补上这一节课呢？那么，怎样的理财教育引导，才能让这一代独立自我、个性张扬的孩子欣然接受呢？

蓦然中，一只拉不拉多猎狗跳入我的视野："小狗钱钱"。

一、童话人物，唤起孩子心灵深处对成功的期待

这是一部风靡欧美的财富启蒙读物《小狗钱钱》。这部书的作者是欧洲首

席金钱教练、畅销书作家博多·舍费尔。他把一些理财的知识和道理，融入一个很有趣的童话故事中。主人翁小狗钱钱竟然是一只深藏不露的理财高手，它彻底改变了吉娅一家人的财富命运。如此生动的故事，蕴含深刻的道理，在深入浅出中教我们如何从小学会支配金钱，而不是受金钱的支配；如何像富人那样思考，正确地认识和使用金钱；如何进行理财投资，找到积累资产的方法，早日实现财物自由！

比起曾经看过的理财故事《富爸爸穷爸爸》和《谁动了我的奶酪》，我觉得《小狗钱钱》更适合孩子，因为美好轻松的童话故事，更容易激发孩子阅读和学习的兴致。这部书突破儿童的"金钱禁区"，它告诉我们，在孩子的世界里，金钱与劳动之间亘古不变的规律，只要方法得当，就可以让每个人都拥有自己的"鹅"，找到自己心中的"小狗钱钱"。

1.不动声色，静观"无心插柳柳成荫"的奇迹。

因为了解孩子的年龄特点——强扭的瓜不甜，所以，我决定不动声色，悄悄地给班级图书角购买二十本《小狗钱钱》，让那一本本站立的书，自然地吸引孩子们的视线。在疯狂传阅中，我默默守望着，等待着"无心插柳柳成荫"的奇迹出现。

果然不到三日，小狗钱钱就成为班级里的焦点，一时掀起了全班同学科学理财的热潮。

"你看《小狗钱钱》了吗？吉娅才12岁哎，竟然帮助爸爸妈妈还清了所有债务！"

"我也想有一条钱钱那样的小狗！"

"在银行里养一只金鹅，让它不断地下金蛋，那不成了聚宝盆啦！"

……

几乎是一夜之间，所有的孩子都开始冲动地要为自己准备"成功日记"、"梦想储蓄罐"、金"鹅"账户。更令人惊喜的是，就连含义深刻的72小时规则、10分钟意义、财物管理的分配比例等有关理财的知识和道理，也同样疯狂地在孩子们中传播开来。在这种理财氛围中，我们的班队会主题自然也转移到这个我期待已久的内容——科学理财。良好的开端是成功的一半，我不禁欣喜万分。

2.趁热打铁，筹备"科学理财"主题队会。

每周一的班队会如期开始了。今日的主题是"科学理财"。班队会主持人韦同学巧妙地由"小狗钱钱"展开了话题："同学们，你们想成为富翁吗？那么，就别错过《小狗钱钱》!"说着，她还把《小狗钱钱》这本书高举过头，摇晃了几下。顿时，班级里掌声雷动。大家兴奋得小脸通红，纷纷举手畅谈自己的阅读感受，甚至有的同学还带来了个人存折、自制的梦想储蓄罐、零钱包。看来，小狗钱钱深入人心哦！

二、压岁钱，成为孩子们第一笔有效分配的资金

班队会后期，我及时地站在了孩子们的座位中间："同学们，你们手中的钱通常来源于何人、何时、何地？今年的压岁钱又打算如何使用呢？"大家七嘴八舌地交谈着，不由自主地谈到了小狗钱钱对吉娅小姑娘管理和支配金钱的建议：50%的压岁钱存进金"鹅"账户——也就是养一只会下金蛋的金鹅；40%的压岁钱放入"梦想储蓄罐"，为实现自己的梦想日积月累；10%的压岁钱作为零花。

在大家对以上分配使用压岁钱的意向达成共识时，我接着引导："那你们都说说，自己有哪些梦想？"然后，我模仿小狗钱钱与吉娅的对话："请拿笔写下来，有多少写多少。"孩子们开心极了，眉飞色舞地说着、写着、看着、笑着……平日里积攒下太多的愿望，都在这一刻毫无保留地释放出来，能不乐吗？说得尽兴了，该让他们冷静下来了："在这些梦想中圈出自己最迫切实现的三大梦想！"面对这样的难题，孩子们很是纠结，有的紧咬嘴唇，有的托腮沉思，有的喷喷点头，有的难以割舍地叹气……经过一番细思量，终于拨云见日，尘埃落定，一个个红色的圈圈亮出孩子们心中最甜蜜的期冀。我郑重地向他们宣布：目前，这就是你最重要的理财目标，它们将会成为你今后奋斗的强大动力。遵循"落实行动不超过72小时"的原则，努力让梦想储蓄罐不断增值！

突然，最擅长思辨的小机灵贾同学高高举起手，高声问："何老师，我老爸老妈常说我是'只会花钱、不会挣钱'的小祖宗，要想实现我的梦想，总

不至于要等明年的压岁钱吧?"一石激起千层浪,他这一问,全班可就炸了锅:"是啊,我们这儿可没有吉娅那里的条件——小孩也能打工挣钱。""他们的国家几乎每家每户都养狗,她能够凭着对小狗的喜爱以及细心的照顾,而得到雇主的信任,替别人照顾小狗、训练小狗来挣钱。""我们没法儿挣钱啊!"他这一问,也问出了我心底的遗憾:家庭认知的差异、社区功能的欠缺,我们究竟该如何实施科学理财教育的行动呢? 对,寻求教育合力!

三、亲子财商教育课堂,助力孩子自主理财

我们学校每周五下午的综合实践活动,是孩子们自由的天地——他们自由选择兴趣小组,自己当老师,自由组合备课、上课搭档,自制课件。在这样的平台,我们的家长朋友也会受邀前来班级听课,有时还会亲子共上一堂课。借助这样一个平台,我何不邀请家长前来参加"亲子财商教育课堂",为孩子们的"自力更生"理财行动添一把火呢?

说干就干! 首先,我充分发挥班级内部家长资源,邀请具有理财方面特长的家长,百忙中抽出时间来献计献策,适时进行课堂授课,以"培养财商人才"为目的,高调"招兵买马"。接着,做到年级资源共享,感召同年级的家长资源,以家长授课"走班"制度,将课程实施面扩大,以点到面落到实处。感兴趣的家长积极参加"亲子财商教育课堂",和孩子们一起学习。

如班级财务专家田爸爸,擅长财务管理业务。他教孩子们认识账本、学会记账,懂得从账本中总结分析消费的合理性,建立金"鹅"理财账户,定期存钱,初步学习管理财物,明白生财有道等。再如,倡导有偿家务劳动的方爸爸,鼓励孩子在家庭劳动中承担一定的任务,以劳动积分引导孩子尊重劳动,珍惜劳动所得,孩子与家长共同签订劳动报酬协议,孩子以兑换积分的方式挣钱。可谓"君子爱财,取之有道"啊! 还有,在银行工作的杨妈妈、徐爸爸,更是忙得不亦乐乎。他们把银行的各类型账单模板带到班级,带领孩子们认识这些模板,还给孩子介绍定期定投、保险、基金等,利用工作之余的时间,与课题组商量应对策略,积极创造学校与银行合作的方式。我衷心感谢这些无私的家长!

四、教育孩子科学理财的同时，却有意外的收获

在《家校共育环境下，培养儿童科学理财的实践研究》课题的实施过程中，孩子们的收获很多，我无法用言语表述他们的快乐。摘录几段他们的心里话，感受他们的心灵成长吧！

以前，我一直认为小孩子和钱无关，这本书让我对金钱有了全新的认识，对怎样理财也有了全新的概念。想成为富人，并不是只要一味地攒钱，而是要学会怎样让财富增值。文中有一句话对我启发最大：不要为金钱工作，要让金钱为自己工作。吉娅的行动就是很好的诠释，她为自己喜欢做的事而挣钱，不像其他人为了挣钱而从事着自己不喜欢的职业，心里总是觉得很不快活。他们就像一台机器，麻木地工作，收获的只有钱。而吉娅收获的不仅是金钱，还有快乐。

——韦懿禾

中国的智者老子说过："天下难事，必作于易；天下大事，必作于细。"小狗钱钱的几番话意味深长。令我印象最深刻的是：理财要有信心，计划可以很远大，可以是白日梦，但必须要有详细的过程。吉娅每天都记录自己的成功日记，积攒梦想储蓄罐，这让她每天都有明确的目标和成功的信心。所以，她才会取得成功。我为什么不可以！立刻行动。

——沈思甜

只要意志坚强，永远充满自信，阳光就会在你大汗淋漓时向你招手。瞧，当妈妈嘲笑吉娅的梦想储蓄罐时，吉娅没有选择放弃，而是继续为自己的梦想努力，最终获得了成功；海内太太希望吉娅演讲，犹豫不决的吉娅从成功日记中获得力量，鼓起勇气站到台上演讲。她坚持了，她成功了。

——何济先

有一句话说得好，机会总是会光顾有准备的人，吉娅为此做足了准备，她的目标、她的成功日记、她的梦想储蓄罐，她克服了胆怯，一步步地走向自信，并且影响了周围的人。她还去学校做了演讲，甚至举办理财讲座。我

几乎是一口气读完了这本书，因为我也想这么做。

——丁亮杰

小狗钱钱说了许多有道理的话，其中，我最有感触的是——你只有两个选择：做或不做。在我的字典里没有"我试试"这一说。如果凡事你只是带着试试看的心态，那么最后你只会以失败而告终。因为你还没有做，就已经给自己想好退路了。

——钟天

不要小看"10分钟"。你每天利用短短的10分钟来记录你的成功日记，哪怕只是一句表扬的话。看着这本日记中记录的自己真实的成功经历，会不断给自己带来信心。这就意味着，你每天都在不间断地去做对你的未来有重大意义的事情。就是这10分钟，会让一切变得不同。

——方至成

金钱童话的魔力——《小狗钱钱》教孩子们科学理财

班币那些事儿

吴晓静

吾班有一币种，名曰班币，为吾师吴氏赏生之用。

初造班币为黑白色矣，生等皆嫌陋，劝师更也。居有间，次代班币造成，其色或绿、或红、或棕，大约手掌，师生咸爱之。时长，币又陈矣，师即命人重制新币，为三代矣。币于生群掀惊涛骇浪，人人爱之。

此币分5、10、20、50、100值，生获后必细察，甚吻之，因此币积多后可达一心愿矣！

吾首获班币皆因作业为师所赞，即得，值为10元。后，吾又争获20、50、100等值币，至今已获300余元，与师换一"大富翁"超值币，兴矣，即创此文，自勉也。

——郑同学

说起创作班币的灵感，还是来自于孩子们玩的游戏，那可以不断积累的"Q币"激发了他们游戏的欲望，并成为坚持的动力。受此启发，我想，在班级管理中为何不能使用这样的方式呢？于是，第一代班币就这样"诞生"了。虽然设计的样式粗糙，但当我把它发到孩子手上时，他们表现出的那份惊喜与激动难以言表。正是有了第一次的尝试，我决定将班币纳入班级管理中，以班币为激励，促进每位学生的成长。

自从班币来到咱们班，天天都有各种各样的事情发生，你听：

故事一　谁都有机会

对于儿童来说，获取成功的感受是迈向成功的基石。让每个学生觉得班币离自己很近，就会激发他们的参与意识。因此，在班币发行初期，我的要求很低，即一天一个惊喜。只要每天的作业认真完成，在批改作业时，我就在当天作业所在的那一页夹上一张十元班币。学生每天最激动的事就是领取作业本的时候，每当收获一张班币时，他们个个喜不自胜，做家庭作业也变得更有动力了。不仅是作业，课堂积极发言，课间文明游戏，课后认真打扫卫生……学校生活的点点滴滴，只要有一颗责任心，有一份认真的态度，都有机会赢取班币。孩子们尝到了付出行动即可有收获的甜头之后，就会对自己每天的所作所为有所约束，有所规范，无形之中，自律意识得以培养。

我们班有个男孩叫小鑫，他学习能力较弱，一二年级时，总是一个人灰灰地躲在教室的某个角落里，不愿意与同学交流。得到老师的表扬，对他来说是一件比较困难的事。刚开始，他习惯性地认为班币不是他所能得到的，所以并没有表现出多少积极性。不过他虽然成绩落后，却很热爱劳动。他常常在上午放学后一个人留下来，将教室的垃圾清理掉。轮到他们小组打扫卫生那一天，他从来都是最后一个走。发现了他的这个事迹后，我当着全班同学的面热情地赞扬了他，并奖励他一张50元面值的班币。在同学们热烈的掌声中，他抑制不住内心的激动，脸上洋溢出少有的笑容。他双手接过我手中的班币，小心翼翼地捧着它走到自己的座位上。最让我感动的是，可爱的孩子竟然将班币放到嘴上，轻吻了一口！从那以后，这个孩子劳动的积极性更高了，更重要的是他不再像以前那样消沉了，尽管成绩依旧处于后列，但对班级的各种活动不再漠不关心，能和同学们在一起聊天玩乐。每到结算班币时，他也会骄傲地拿出一笔自己辛苦收获的财富。

瞧，小小的班币竟然有着大大的魔力，它让每一个孩子都在原有的基础上更加努力，努力成为那个更好的"我"！

故事二　团结力量大

现在有的孩子自私自利，唯我独尊，这或多或少与家庭的过度关注有关。有的家长把最好的都给孩子，到了学校，走进班级，他们身上依然存在着这样的问题：座位要坐最好的，活动要从自己开始，讨论不听他人言语。总之，他们眼里只有自己！但凡是集体的事情，都是一副事不关己、高高挂起的态度，为此，我颇费脑筋。此时，可爱的班币向我召唤，于是我又在它身上做起了文章：

我将全班分成5个小队，各小队招募队长（采取自荐和投票相结合的方式），队长招募本队队员，班级各项评比竞争均以小队为单位计分，每周核算一次，计分第一，每个队员即可获取50元班币，按照名次递减，最后一个小队队员只有10元班币。

　　这一制度一公布，顿时掀起了大浪潮。经过3天的招募、分组，五个小队已然形成。各位队长使出浑身解数，各位队员也不敢有所懈怠。重赏之下必有勇夫，果然，无论是值日还是交作业，都有明显起色。队员不仅关注自己的事情，还会有意识地提醒其他队员及时完成相关任务，避免出现失分现象。

　　润东是二队的队长，从担任队长的那一天，他就斗志高涨，还给自己小队起了一个霸气的名字：不畏。在他的领导下，小队队员对他毕恭毕敬。看到他的这些举措，我喜在心里也忧在其中。润东有很多优点，但个性过强，不善合作，现在他依然是用自己的强势领导本队。果不其然，还没到半个月，他们小队就出现了问题：在合作排演课本剧的过程中，润东因为说话语气不当，导致群情激愤，小组成员个个义愤填膺，拂袖而去。他一时不知所措，强烈的自尊心让他无法放下身架，不愿到队员面前去真诚地道歉，于是号啕大哭起来。

　　接到了同学的报告，我来到润东跟前。他哭得正伤心，手上还拿着一叠昨天辛苦改编的课本剧剧本。见到我就抑制不住地哭诉起自己的委屈。然而，小队其他同学却无动于衷，脸上余怒未消。看来这次矛盾闹得挺大呀！我安慰润东请他平复一下自己的情绪，要求他跟我一起听听组内成员的心声。这下队员们把多日积攒的不满纷纷吐露："他太凶了！总是用命令的口气！""他总是颐指气使，而且说话一点没有礼貌！""他眼里就只有自己，我提出一些修改意见，他听都不听，还说谁是队长！哼！队长有什么了不起！"……大家你一言我一语，越说越激动，越说越气愤，可此时的润东根本听不进去，干脆发泄似的来一句："我也不稀罕！我不干了！"

　　此时此刻，简单的处理方式也许就是遂其所愿，撤掉组长一职，但对于润东来说，他依然不解其因，甚至会恶化他与同学之间的关系。于是，我示意其他同学回教室，让润东单独留下来。我先表扬了他为排练课本剧付出的一切，代表组员向他表示真诚的感谢。这一番话又一次触动了润东的泪点，他再一次爆发，委屈的眼泪如开闸的洪水。等他发泄完毕，我请他静静地思考：为什么自己的付出得不到组员的认可，大家的话是不是没有一点道理。一番沉思之后，可爱的润东坦诚地说出了自己的不足："老师，我就是脾气大，我爸爸妈妈也这么说我，可我就是改不掉！而且我觉得小组里有些同学就是好笨，我说了好几遍他们都不明白。"接着还表达了自己对小组获取班币的不满："为什么非得让大家一起来得班币？谁做得好给谁就是，要是凭我自己，我肯定能得到好多班币！"这话一点不假，他确实已经蝉联几次班币第一了。看来，孩子根本无法理解我的本意。这时我耐心地与润东做了一次交流，我告诉他，每个人都不可能是完美无缺的，任何一个成功的人都离不开一个团队。从小学会合作，未来才能扎根社会。看他半信半疑，我递给他一本书《西游记》："你看，孙悟空神通广大，无所不能，可为什么唐僧一行是师徒四人呢？相信你会从这本名著中有所感悟的。"

润东是个聪明的孩子，经过了这次事件，他果然低调了许多，每每控制不住的时候，我会在一旁提醒他，并给他鼓励。背后我也和他们小组的一些队员交流，希望他们能给组长一些时间去转变，多支持组长的工作。在后来的排练中，尽管还有一些小摩擦，但再也没有那么激烈的冲突了。最终，润东所领导的"不畏"队夺魁，我为他们队每位队员颁发了100元班币奖励。在队员们欢呼雀跃的那一刻，我相信他们一定感受到了团结的重要，合作的可贵！

这样的变化不仅发生在二队，其他各小队也是如此。当每个小集体都懂得合作时，我们这个班级大集体也变得温暖起来：不再有谁的作业本孤零零地躺在讲桌上无人问津，不再有乱糟糟的桌椅没人整理，整齐的队列里听不见窃窃私语，安静的教室里看不见你推我搡……渐渐地，孩子们明白了，他们有一个共同的名字：我们班。

班币的价值从发现自我、提升自我拓展到培养团队、引领合作，它不仅是一份成果，更是一种历练！

故事三　大手拉小手

教育是什么？是一棵树摇动另一棵树，一朵云推动另一朵云，一个灵魂唤醒另一个灵魂。对学生如此，对每个学生背后的家长更是如此。作为老师，我们不能仅盯着学生，只有家庭和学校携手，方可达到教育的最佳效果。那么借助班币，能否唤醒各位家长，让他们也能行动起来，为每个孩子构建更美好的教育环境呢？

本着这样的初衷，我借助班级QQ群、微信群，向全体同学和家长发出呼吁：主动加入班级的各项活动中，开设家长课堂，创建假日活动，参与班级管理，只要您为班级做任何一件力所能及的小事，即可获取赢得班币的机会。从那以后，一堂堂精彩的家长课堂，一次次有趣的班级活动，在一拨又一拨热心家长的倡议和组织中，为孩子们营造了一个丰富多彩的大课堂。在偌大的社会课堂里，家长与孩子共同成长。

佳佳是个性格内向、不善言语的小姑娘。其父母常年在国外，她独自与外公、舅舅生活，原本就内向的她显得更加孤僻了。直到三年级，爸爸妈妈才从国外回来，而此时的佳佳已经开始有点小叛逆，甚至因为父母过早的离开她变得不愿与家长交流。为此，佳佳妈妈伤透了脑筋，常在我们面前自责，但又因无法走进佳佳的内心而伤心。我多次宽慰她，要想走进孩子内心，不是一天两天，得润物无声、细水长流。

得知家长也可帮助孩子得班币一事，佳佳妈妈兴冲冲地来校找我，希望能借助这样一个机会缓和母女关系，更想通过自己的行动，让女儿接纳她。我欣然同意，并告诉她，孩子之所以不接受妈妈，是没有感受到妈妈身上爱的力量，如果能从这个角度入手，相信你的女儿会有所触动的。

一个偶然的机会，佳佳妈妈得知一个身患白血病的孩子急需帮助，她亲自来到省立医院，拍摄记录下了孩子的相关情况，并在班级QQ群中发出了捐款的呼吁。孩子渴望的眼神，家长无奈的表情，仿佛是无声的求助。视频一发出，立刻就有家长回应，愿意以班级形式，开展一次募捐活动。第二天，佳佳妈妈来到班级，深情地讲述了她的所见所感，呼吁全班同学一起来帮助这个困难的家庭。我在一旁静静地观察着，那一刻，认真聆听的佳佳眼里闪烁着感动，我想她一定也在重新审度眼前的妈妈吧。接下来的几天里，佳佳跟着妈妈和班级几位小干部开始了筹集善款的工作，哪怕是一元钱都要做好明细。佳佳依旧不多说话，但她不再躲着妈妈，为了一个共同的目标，她和妈妈一起努力着。最后，由佳佳妈妈和几位少先队员代表一起来到医院探望生病的孩子，并亲手把筹得的善款交给孩子父母。现场有一个镜头格外打动我：在孩子父母感激地接过善款并再三表示感谢时，佳佳的妈妈情不自禁地流泪了，站在一旁的佳佳悄悄地为妈妈递上一张餐巾纸……活动结束之后，佳佳妈妈激动地打来电话，她说孩子第一次主动牵起了她的手，那一刻她才感受到做一名母亲的幸福。她更明白了身教重于言传。而我也履行了班规，给佳佳颁发了100元班币，同时告诉她，这张班币也有妈妈的功劳。

这样的活动很多很多，如果说初衷只是为了赢得那并不起眼但在学生心中颇为珍贵的一张班币，但当行动过后，沉淀在家长和孩子心中的是满满的回忆和美美的收获。

故事四　积少可成多

渐渐地，班里每个学生的"钱包"都鼓了起来，我不禁思考：如何让班币的价值最大化？于是，积满300元即可兑换一本老师签名的赠书并与老师合影留念的终极目标就这样被我提出了。这下孩子们更有劲儿了！仿佛找到了奋斗目标，已经兑换到书的同学得意洋洋，骄傲地在朋友圈内晒与老师的合照，即将成功的孩子翘首以待，激动地畅想换得好书的快乐时光，离目标还有一定距离的孩子更是积极表现，渴望以实际行动向梦想迈进。

一天，班长安琪对我："吴老师，能不能把兑换的班币送我一张？我换了好书，可是没有了班币，总想给自己留点纪念。"她的话又一次激发了我的灵感，为何不在原有班币的基础上再设计一张带有纪念意义的班币，以此来记录学生的收获呢？在热心家长的帮助下，"大富翁"纪念币就这样诞生了！靓丽的色彩，活泼的版面吸引了所有同学的目光，它需要用300元班币兑换，学生自己保管，这样可以清楚地知道自己最终获得了多少班币。记得班长杨许安琪就是第一个拿到"大富翁"的，在领奖的时候，她还热情洋溢地说："唯进步不止步，我一定会再接再厉，争取成为更大的富翁！"是的，让孩子们享受不懈努力的过程，体验收获地喜悦，"大富翁"班币做到了！

教育的灵感就来自工作第一线，在孩子们的不断启发下，我们的班币价值再一次被挖掘：班币爱心超市成立了！可以用班币在这里购买学习用品啦！手上的班币不再是象征物，有了具体的价值，孩子们的热情更加高涨，他们用自己的努力换取了心仪的用品，感受到了学习、劳动、服务他人、团结合作创造价值的成就感。

都说物质的魅力远不如精神层面，怎样让班币更富有魅力呢？我提出了更大胆的建议：可以用班币实现自己的一个愿望，比如免写一次作业，挑选一位同学做同桌，请同学到家里做客……只要合情合理，都会满足。开始我还有些担忧：同学们会不会滥用这些权利？事实证明，我的担心是多余的。面对作业免写权，孩子们多因晚上有课外课等一些客观原因，一般不轻易使用。当我问起原因，他们更煞有介事地说："花钱容易挣钱难！老师，除非特殊情况，我可舍不得！"我不禁哑然失笑。给孩子选择的权利，就是给他们自我教育、自我管理的机会，他们没有让我失望！小小的班币更是给了我大大的惊喜！

班币的故事还在继续，我的创意也从未中断，记录着其间的点点滴滴，我愿与大家分享这智慧的故事……

理财教育让孩子更有人情味

王 艳

古语说：小舍小得，大舍大得，不舍不得。不管这个人是否懂得舍得与付出，这种性格的培养对孩子来说至关重要，可以说很多人因为小时候养成多得到少付出的习惯，而导致长大后成为一个吝啬的人。

现在的孩子大多 是独生子女，是父母的心肝宝贝。很多家长都会满足孩子的要求，而孩子觉得周围人都应该爱护他、关心他，好像这都是应该的。久而久之，孩子就养成了"只进不出"的心态和习惯。好多孩子只要东西和钱到了他手里，是不会拿出来的。其实最开始孩子本身做的没什么毛病，这是人的天性，也是劣性，需要我们后天去更正、去培养。但在现实生活中，人们得到和付出都是相互的，没有一味的得到，也没有一味的付出。我们一定要培养孩子学会付出，即使这种付出没有回报。这种性格的培养来自于父母的言传身教，更来自我们的学校教育。

从2012年年底开始，我参与了《家校共育环境下，培养儿童科学理财习惯的实践研究》的课题研究。刚参与课题研究时，我曾一度担心孩子们会不会因为理财习惯的培养，而变得吝啬小气，只知道不断地聚财。我害怕这财商教育将来会不会让孩子眼中只有钱，因为钱而冲淡了亲情。可是，随着课题的不断推进，我发现学生随之提高的不仅有财商，情商也在逐步提高，孩子们懂得学会付出，变得更有人情味啦！

下面是我们班孩子的几个小故事，非常让我感动和自豪，也打消了我的顾虑，让我对这项课题研究更有信心。

存钱罐的自述

这天傍晚，小主人欣欣和妈妈回来了。

一会儿，小主人来到我的身旁，轻轻地抚摸着我的头，我很高兴，眯着眼睛享受着，突然听到低低地抽泣声，我吓了一跳，抬头望去，只见小主人眼含泪花，撅着小嘴，这是怎么回事？我正疑惑呢，妈妈过来了，轻轻地拉着小主人的手，温柔地说："舅妈店里需要用很多硬币给顾客找零钱，这两天银行里没有硬币换了，就把阿狸的硬币换给舅妈吧！"哦！原来是这样。这时，听小主人说道："妈妈，我还是不想换，这可是我攒了好长时间的！"妈妈摸摸小主人的头，笑着指着我说："你看，阿狸肚子里装满了硬币，你再有硬币就放不进去了，正好舅妈店里需要换硬币，这是在做好事呀！"小主人想了想，终于同意了。

第二天，妈妈回来了，不好意思地进了房间，对小主人说她今天去超市买东西，付钱的时候发现钱不够，就把舅妈换硬币给的两百元钱拿出来用了，妈妈担心小主人误会，诚恳地说："对不起，明天我去银行取钱，晚上一定把钱给你带回来。"谁知，小主人紧紧握住妈妈的手，摇着头说道："妈妈，不用给我了，你拿着用吧！"妈妈不相信自己的耳朵，看着可爱的小主人说："明天，妈妈一定把钱给你，这是你好不容易积攒的，妈妈不要你的。"小主人望着妈妈，坚定地说："妈妈，钱我不要了，你留着用吧，我以后还能攒很多钱的！"我看着小主人那双明亮的眼睛，心中充满了感动，原来小主人不是吝啬的人！

买蛋糕的小女孩

母亲节那天，上午还下着小雨，爸爸和妈妈去健身，走时女儿小语自己在家学习。等爸爸妈妈回来后，看见门口地上留有一个纸条，上面写道："爸爸妈妈，我出去一会儿就回来。"妈妈以为她去了一个常去的同学家，就打电话问了一下，小语并没有去那位同学家。爸爸妈妈想她肯定走不远，一会儿就会回来。

不一会，女儿小语左手拎着伞，右手拎着一个装了东西的方便袋，身上也被雨淋湿了。进屋后，她对爸妈笑笑，就进了自己屋里，爸爸妈妈一时也没反应过来。一会儿，小语捧着一个小蛋糕和一束玫瑰花出来了，蛋糕上面还有一张小语自己做的贺卡。小语对妈妈说："妈妈，母亲节快乐。"

小语的爸妈一下明白她出去干什么了，感动的眼泪在妈妈地眼眶里打

心 路

转。再看看蛋糕，更让人感动——她的女儿特地跑了很远买回来地。她又去了花店买了一束玫瑰，两样东西花了女儿50元钱。女儿只是想买一束花，并不知道送给妈妈的应该是康乃馨。小语的爸妈一边吃蛋糕，一边把这个常识教给了女儿。

这个只有9岁的孩子，冒雨去给妈妈买蛋糕、鲜花，着实让人感动。

我请客，我掏钱

暑假里，豆豆的伯伯一家人来走亲戚，豆豆想要请姐姐吃肯德基。他知道自己的爸妈并不太喜欢去那里，所以当爷爷去兴趣班接他的时候，他要爷爷陪他去肯德基，买了两份儿童套餐，爷爷一看孙子买东西，赶忙拿钱结账，豆豆坚决不让爷爷结账，说我请姐姐吃东西，怎么能花您的钱呢？

回到家后，爷爷赶忙解释，爷爷跟着怎么能让孙子花钱呢？心里有些过意不去，豆豆的爸妈马上告诉父亲，豆豆这么做很正常，以前豆豆也请他们吃过肯德基。

儿童教育与心理专家柏燕谊认为，对孩子的理财教育不仅仅是金钱教育，在很大程度上还是一种人格教育、品德教育、综合素质的教育。通过这些事例，让我对孩子们刮目相看，也让我更加努力于我们的实践研究。

狐狸的钱袋，人性的展现

吴晓静

　　"故事奇想树"系列真是一套好书！从《妖精老屋》里，我们感受到小妖精的可爱和坚持，他们携手改变了孤独奶奶的生活，让她从抑郁的情绪中走出来，愿意面对生活，面对外界，敞开心扉，过真正快乐和惬意的晚年。我们阅读的同时也不由反思：我们身边是否也有这样的老人？他们是因为遭遇了什么选择了逃避？我们该为他们做些什么呢？

　　刚读完《妖精老屋》，没想到《狐狸的钱袋》更是一个让我们感动甚至落泪的唯美故事。开头从一个狐狸魔法学校的笨狐狸阿南说起。阿南怎么也学不会从钱袋里变出更多的钱这项魔法，因此受到了狐狸们的唾弃。可是笨狐狸却是个善良的狐狸，他决定出去寻找比变出钱更让人快乐的方法。路途中他偶遇了卖乌冬面的阿旺爷爷，阿南伸手帮助了阿旺爷爷，看到爷爷开心的样子，阿南找到了快乐的源泉，他决定暂时不回魔法学校，跟着阿旺爷爷学做乌冬面。尽管阿南很笨，记性很差，学了很久也没有学会，还常常弄得阿旺爷爷家的厨房一团糟，但是阿旺爷爷从不指责阿南，而阿南也从阿旺爷爷那里收获了尊重和信任，他越来越快乐了！可是，渐渐的，阿旺爷爷的身体却一日不如一日啦，最明显的就是特别容易忘事，起初还只是些小事，最后连自己有没有吃饭都记不得了。一天凌晨，阿南被一阵响动惊醒，他跑过去一看，原来是爷爷在抓冰箱里的生面吃，边吃还边说阿南不给他饭吃，其实晚上明明是阿南亲自为他煮的面呀！看到这，阿南不仅没有怪爷爷，还心疼地流下了眼泪，他下定决心要治好爷爷的病。医院检查得知爷爷得了老年痴呆症，这种病需要家人给予更多的爱与关心，除此以外，没有什么药物可以治疗。阿南更加爱护爷爷，把他当孩子一样看待。在一次无意的交流中，阿南知道了爷爷最大的愿望就是想吃一碗奶奶给他做的乌冬面。尽管阿南从来没有见过奶奶，更没有尝过奶奶煮的面的味道，但他为了满足爷爷的愿望，开始发愤练习煮面，四处打听好的煮面方法，回到家里就彻夜努力练习，希望有一天能让爷爷如愿。终于，功夫不负有心人！阿旺爷爷卧床不起的一天，阿南端来了一碗面，让爷爷尝一尝，爷爷的脸上出现了许久未见的惊喜和幸福，他喃喃自语，呼唤着去世的奶奶的名字，念叨着：就是这个味道，就是这个味道……在满足中，阿旺爷爷幸福地闭上了眼睛，用文中的话说，他满意地坐上了通往天堂的列车。阿南很想哭，但他没有哭，他继续着阿旺爷爷的生意，并且继续往钱袋里放各种纪念生命和岁月的物件，而这样的做法也是爷爷之前教给他的……

　　好感人的故事！当我读到爷爷得老年痴呆症行动怪异的那一段时，我几度哽咽，因为我曾经看到过许多得病的老人可怜的经历。也许有生活的体验，我无法控制自己的情绪，也许是我的情绪感染了孩子们，他们也有所触动。当我读到阿旺爷爷闭上眼离开人世的那段描述，我又一次哽咽……没想到，班里有个孩子比我还难受，他大声地哭起来。孩子说："我家里也有人得病了，我不想我的家人有一天也像阿旺爷爷一样死掉！我不想！"孩子的眼泪是真诚的，他哭得好伤心！让我看了都心疼！我赶紧请他下位子，搂着他，安慰他。等我稍稍平复下来，我问孩子们："阿旺爷爷到天堂时是幸福的还是痛苦的呢？"孩子们都说是幸福的。"是的，孩子们，人都会死，我们要尊重我们的生命，不可能有长生不老，就像有一天你们回到母校，也许就见不到我了，这是正常的现象，所以不用害怕死！但是当一个人面对死亡时，他是幸福满足的，没有觉得自己的亲人对他不好，没有觉得自己活着的时候过得很痛苦，那他离开人世时就没有什么遗憾了！所以孩子们，你们应该像阿南一样，把害怕和担心化作关心和体贴，这样有一天，如果爷爷奶奶或者别的亲人真要离开我们，我们自己就不会难过，我们的家人也不会觉得痛苦了。对吗？"不少孩子都情不自禁地想到了自己的家人……

　　下课了，孩子们还沉浸在刚才的氛围中，有的围着我，告诉我自己家人的近况，有的追着我，汇报自己平时为爷爷奶奶们做了什么……

　　狐狸的钱袋，里面装的不是钱，是亲情，是关心，是善良，是满满的爱！

狐狸的钱袋，人性的展现

因为爱，所以爱

徐 琳

　　特别喜欢谢霆锋的这首歌——"因为爱所以爱"。因为它的歌词感人，旋律荡气回肠，所以我经常把这句"因为爱所以爱"挂在口中，没事的时候总会哼上两句。有时被学生听到了，他们就一起哄笑："耶！徐老师，你也喜欢流行歌曲呀？"我就笑眯眯地说："怎么？不行吗？"他们也笑眯眯地说："行！行！"只是笑声中多了一份意外，也许他们眼中的老师应该总是一本正经的，也许他们认为老师应该高高在上，而像我这样跟他们喜欢唱一样的流行歌曲，读一样的儿童小说的老师，就有点"悬乎"了。

　　记得法国作家罗曼·罗兰说过："要撒播阳光到别人心中，总得自己心中有阳光。"我从小就喜欢教师这一职业，现在是一名普通的教师。从教至今，我深深地感到教师的物质生活相对清贫，但精神生活却无比充实。每当看到那一双双渴求的目光，一张张专注的面容，不由得让人身心激动，似乎融入到无比圣洁的情境，生命也因此得到升华。我们的奉献虽然不见什么轰轰烈烈的壮举，但却是用平凡与崇高的师德之光，用无私的爱照亮了一片清纯的天地。我现在带的这个班，是从五年级接手的，对于换老师，孩子和家长都很排斥，因为这个班在四年里已经换了三位班主任。在开学的第一天，我的一番轻松愉快的开场白，一下子拉近了师生之间的距离，消除了他们的疑虑。我说："同学们好！非常高兴今天能一下子认识这么多朋友，我姓徐，双人徐，咱们班还有谁和我一个姓？"马上就有人举起了小手，是个漂亮的小女孩，我走过去友好地和她握握手："真高兴认识你！希望我们以后能成为好朋友，共同学习，共同进步。"她有些腼腆地笑了，我分明看到，她的眼神里有意外的欣喜，周围的同学都好奇地盯着我，我知道，我在最快的时间里博得了他们的好感。很快，我就和班里的学生熟识了，并迅速地走进他们的心灵。他们也亲热地称我"微笑大使"，我时刻要求自己以身作则，不仅工作认真，不迟到，守信用，而且注意在平时的教育细节中赋予学生真诚的爱和关心。有时，是一句问候；有时，是一个微笑；有时，是一个动作；有时，是……让他们随时能感觉到老师的关爱和尊重，并能自觉地将这种爱转化为学习的动力。课堂内外谆谆的教诲，一点一滴，潜移默化，日积月累，耳濡目染，久而久之，教师的道德品格便在学生心中生根发芽，开花结果。正如古诗所云："随风潜入夜，润物细无声。"

我深深懂得，教育是爱的事业，教师的爱不同于一般的爱，她高于母爱、大于友爱、胜于情爱。不是吗？母爱容易出现溺爱，友爱需要回报，情爱是专一、自私的爱。而师爱是严与爱的结合，是理智的、科学的爱，是积极主动的爱。这种爱包涵了崇高的使命感和责任感。有一天，班级突然沸腾了，同学们都围作一团。原来，是小 N 同学又和同学打架了，原因只是他以为那个同学说了他的坏话。他踢了别人，还无意中把另外一个同学的头当堂砸了一个大包，"场面"很"惊险"。小 N 同学是学校里出了名的"惹不起"，他跟身边的同学几乎都吵过闹过，也跟其他所有的科任老师斗过嘴。所以，一般人都知道他的厉害，都不跟他计较，否则，他就会以逃学、绝食来威胁家人和老师。我知道，对于他来说，直接讲道理肯定是行不通的，只有找到他形成这种性格的原因才能对症下药，他为什么会这么狂躁，为什么这么容易走极端。我没有大声苛责他，只是很冷静地说："快把同学送医院！小 N，你太冲动了！你要后悔的。"等事情处理过后，我心平气和地将他单独叫到办公室，显然他受到家长和同学们的批评，心里还很有怨气，当我问他为什么这样时，他脱口而出："他活该！谁让他说我是神经病！"原来他不服的是这个，我知道此时他需要的是认同和支持，而不是训斥。于是，我顺着说："是啊，同学说你是不应该，但是同学之间斗嘴是很平常的事，换个角度想想，你的行为太过激了吧。"他点了点头，我接着因势利导，告诉他想解决这种事其实有许多种有效的方法，不需要大动干戈。最后，他终于接受了我的批评与建议。这场风波平息了，小 N 的心理发生了微妙的变化，他感受到了老师的理解和尊重，从此，行为收敛了许多，跟其他老师也不对着干了。

多一点爱与责任，人格就多一份魅力。每当班级有一些不良的现象时，我总是调动全班学生的积极性，以辩论赛、主题队会的形式来"晓之以理，动之以情"。问题解决不仅让学生心服口服，更体现出他们的小主人翁的主体地位，让他们学会思考"为什么会这样，怎样做才更正确"。也正因为这样，我拥有学生的尊敬和信任，他们也经常和我聊天，对我的教育教学也会提出一些善意的建议，我都欣然接受。他们对我的一切都关心，甚至模仿我的一言一行。也正因为这样，我们之间形成了一种良性循环，互相信任，互相关爱，班级也形成了前所未有的团结互助、积极进取的好风气。

在我的工作生涯中，最大的事就是用爱滋润每一个孩子的心田。虽然有时也会因学生的调皮而埋怨，因他们的退步而急躁，因他们的违纪而失态，虽然有时也感到很累，很烦，但这时心中总会涌起一种强烈的责任感：我是老师，我要给这些寻梦的孩子引路，在他们心里写一本最美的书。这强烈的意识不断激励我以真诚去拥抱每一个学生。与孩子朝夕相处，我始终想着两句话，那就是"假如我是孩子""假如是我的孩子"。这样的情感使我对孩子少了一份埋怨，多了一份宽容；少了一份苛求，多了一份理解；少了一份指责，多了一份尊重。家长把天真烂漫、聪明伶俐的孩子交给我们培养，这是对我们的极大信任。我又怎么能不全身心地去爱他们呢？我坚信，我也一定能以一片至真至诚的爱心感动我的学生。

所以，我说——"因为爱，所以爱"！

说"爱"不容易

何 炜

"爱",是个美好的字眼;"我爱你",更是令人倍感温馨的话语。然而,这句话出自两个七、八岁的孩子之间,就不免变得敏感起来。

这不,前几天,几个孩子就簇拥着一个高举着一张小纸条的孩子,进了我的办公室。孩子们争先恐后地向我汇报"军情":东儿和敏儿上美术课传纸条!我仔细看了看这张残缺不齐的纸条,上面正工工整整地写着"我爱你"。

啊,这么小,知道什么啊?我赶紧劝退了来告状的孩子,告诉他们上课不听课的确该罚,但不要再宣扬了,我会找这两个孩子谈的。然后请他们喊来了事件中的主角。很快,这两个又怕又羞的孩子诚惶诚恐地挪着步子走到我身边。

看着他俩红彤彤的脸,紧张得不敢正视我的样子,我悄悄做了深呼吸,心里觉得他们可爱极了,但强忍住没笑出来。

接着,我开始了和他们的谈话。

第一回合——迂回左右而言它:

"这是谁写的啊?"我指着桌上那张小纸片漫不经心地问。

"我……"

"哦……"我朝着另一个孩子问道,"那么,你怎么写的呢?"

"和他一样……"

"嗯……"我考虑了一下,决定不单刀直入,"好吧!首先,我想问问,你们知道美术课对我们有什么用吗?"

他俩刚抬起脑袋又低下去,很快摇了摇。

"哦,怪不得!因为你们不知道这门课程的重要性,所以才会开小差啊,可以原谅!"

他俩都抬起眼睛,不解而又吃惊地看着我,似乎急于从我的脸上找到答案。

"据我这样一个不太专业的人士看来,美术课已经很有用啦!课上我们认识了好多色彩，各种形态，了解色彩斑斓的表现形式，培养审美情操，我们能学着用绘画的形式留存很多美好的瞬间，把我们内心想象的世界画出来，展现给大家看，等等。否则，你连丹顶鹤外表和体态的高雅都体会不到的！"我不由自主地联想到才学到的一篇课文《美丽的丹顶鹤》。

他俩似懂非懂地点点头。

"简单说呢，不懂美术，你可能会穿着搭配很古怪的衣服走在大街上，引来无数诧异的目光；你还有可能住在色彩不太和谐的屋子里，心情受到影响……哎，你们也来说说啊！"

接下去的谈话轻松了许多。东儿说："不能说的话，不会写的字，也可以画出来，别人就明白了。""上课传纸条？"我不怀好意地追问。东儿立即不好意思地挠挠脑袋笑了。敏儿也开心地笑了。

"现在，你们觉得美术课重要吗？"两个孩子都郑重其事地点点头。

第二回合——慢入敏感话题：

"嗯——可你们今天，认为比这堂美术课更重要的是要告诉同桌一句话……"我捏着纸条若有所思。

他俩都很安静，我瞥眼看去，他俩慌乱的眼神已经充分暴露了内心。

"你们通常都会说'我爱'什么呢？试着填空好不好？"我写下填空题给他们看。

乖巧的敏儿先答："我爱学习！"嗯，很符合她的气质。

"我爱吃饭！"东儿的回答令人发愣。

"我爱祖国""我爱读书""我爱唱歌""我爱爸爸妈妈"……

"能说说你为什么爱学习吗？"

"因为不学习就学不到本领。"

"对！那为什么要学本领啊？"

"妈妈说从小学本领了，长大了才能找到工作。"

"为什么要工作呢？"

"……"

"其实，学到本领了，才能有能力帮助需要帮助的人！否则，不仅帮不了别人，甚至连自己也无法生存。今天的学习，关系到你将来的生存和发展啊。正是因为学习如此重要，所以你才说'我爱学习'，是不是？"

他俩都瞪大了眼睛，认真地点了点头。

"同样，东儿你再想一想，你为什么会说'我爱吃饭'？"

"因为吃饭让我们有营养，身体强壮变得有力气，才能好好学习，做很多事情！"

"说得好！吃饭是为了生存，为了做事，为了更好地活着，怪不得老人们常说，人是铁，饭是钢嘛。对，我们应当'爱吃饭'。那么，为什么说'我爱爸爸妈妈'呢？"

"因为爸爸妈妈给了我们生命，辛辛苦苦把我们养大，还要管我们学习。我们生病了，他们更心疼，还要细心地照顾我们，有一次，我发烧了……"敏儿哽咽着，说不出话了。

"好！"我字正腔圆地缓缓吐出这个字，一字一顿地继续说，"妈妈满怀着希望，挺着大肚子，一天一天地数着你诞生的日子，历经漫长的十月怀胎，最终还要通过一场惊心动魄的手术，才能让你安安全全地来到这个世界。好不容易把你生下来，还要含辛茹苦地养育你、教育你。为了给你们提供一个良好的学习环境，他们舍弃自己的追求；为了送你们上学，风里来雨里去。你们的每一步成长都离不开爸爸妈妈的辛勤付出啊！正是因为这样，你们才会发自肺腑地喊出'我爱你爸爸，我爱你妈妈'！"

他俩都哭了，不停地耸着肩膀抽泣着。

我也不需要他们回答什么了，接着自顾自感慨："嗯，为什么会说'我爱祖国'呢？因为没有强大的祖国，就没有我们安定的生活，没有自由，没有幸福，更没有时间坐在这儿来谈论我们应该爱什么！这么多的爱，都值得爱，都要好好去爱，因为这样的爱都是伟大的，都是以生命为代价的、有责任的、了不起的爱！"我稍作停顿，话锋一转，"想想你们今天对同桌说这句话，有这一层含义吗？爱同学，爱生命万物，说明你们俩都是有爱心的好孩子。可我想知道，说这句话比听课重要吗？你们舍得浪费宝贵的学习时间，以未来或者生命代价来交换吗？"

东儿和敏儿都含着泪拼命地摇头。

我轻轻拉起他俩的手，说："好孩子，'爱'这个字看似简单，实则厚重，不要轻易和同伴说这个字，你们还太小，承受不住的。等你们长大了，走上工作岗位，体验了世间百态，饱尝了人生的酸甜苦辣，真正需要说这个字的时候，再说，而且要大大方方地说出来，并勇敢地担负起这个字所必须承担的责任，好吗?"

"嗯……"他们深深地点了点头，紧紧抿着嘴唇，离开了我的办公室。

望着他们的背影，我长叹了一口气，心中透亮了许多，也轻松了些许。可没过多久，我又有点担忧，我说的话他们能听懂吗，这些大道理是这个年龄的孩子能领悟的吗？不会连同学之间的情谊也漠视了吧？好想变成小精灵，钻进他们的心窝里，听到他们的心里话。哎，教育真是一件不简单的事情啊！

快乐教育伴我行

凌晓赟

本学期，我接手了一个新的班级——六年级（1）班。刚开学，想给这群顽皮孩子一个下马威，没想到在和这些风格迥异的孩子们的亲密接触中让我有了一种被将了一军的感受……

某日，教学《负荆请罪》，执教到精彩之处，我抛出了一个很有想象空间的问题，几乎每个学生都有话可说。很多同学都举手了，高兴之余我叫起了一个平时在老师眼中比较沉默的学生小陈，真希望这个孩子也能在这时获得成就感。可是，小陈站起来的回答却让我后悔，他说："我又没举手，你让我站起来干什么？我又不会回答问题！"我很错愕，带着僵硬的微笑接着启发："那么你现在可以尝试着想一想吗？老师相信你一定能回答得很精彩！"可是小陈同学并不买账："我很笨的，我想不出来，能有什么办法？"精彩的一堂课就因为这样一个插曲而留下遗憾。

又一日，课堂上我看同学朗读兴趣正浓。于是，举行男女朗读比赛，我自然承担起评委的责任，朗读完毕，我宣布比赛结果，"朗读整齐、有感情的女生获胜。""切……"男生们不同意了，小彭同学站起来；"老师，你偏心。你对女生偏心，上课总喜欢请女生回答问题，不公平。我抗议！"听到他这么说，其他男生也跟着起哄，没想到才带几天课，就引起男生的抗议，我一颗热切的心又一次被泼了一盆冷水。这让我深刻认识到，这些孩子真不简单啊。在与家长的接触中，也常常听到这样的话语："老师，我们家孩子在学校表现怎么样？他在家里为什么越来越不听话？""这孩子我说东他偏要说西。""老师，你知道我的孩子为什么变得不爱说话了？""我的孩子为什么这么内向？是不是心理有问题啊？"……听着听着，我想我们都不禁在脑海里浮现这样的一个名词——小学生逆反心理。

现在的孩子独立意识较强，他们分辨是非的能力是和他们个人的喜好分不开的，就像有的老师说的，如果你不对他的胃口，你教得再好也是白搭，因为他不会听你的。如果你越要求他们按照你的要求去做，那么他们只会越不听话，周而复始，就形成了一种恶性循环。然而，小学时期是儿童发展历程中的一个重要时期，它是儿童个性心理品质形成的重要阶段。因此，认真研究小学生逆反心理的成因，寻找积极的疏导方法，不仅具有广泛的社会价值，而且对学生的健全人格精神的培养具有重要意义。

究竟是什么原因使那些我们眼中"听话，可爱"的孩子变得这么有"个性"的呢？

经过调查我们发现，可能有以下的原因：

（1）外部过大的压力。

首先，家长对孩子期望值过高，希望孩子每门功课都考第一，每次竞赛都得名次。和一位家长交流时，她这样说："老师，您能平时多关照下我们家孩子吗？我们家孩子一定要上四十五中。平时，我就跟他讲，要上就上好学校，考上要什么，我都给。上不上什么都不要想。"家长的这些要求对一个十一岁的少年来说当然是无形的压力。这与孩子自身的实际水平不相适应，与孩子的发展潜能不相一致，因此，随着期望值的不断攀升，实现的可能性越来越小，当孩子发现不管自己如何努力也达不到父母的要求，摆在他面前的可能就是自暴自弃、破罐破摔的想法，来对抗父母日趋升高的期望值。

（2）特殊的年龄，特殊的心理特点。

到了高年级，孩子们好奇心强烈，探究欲望旺盛，对任何事情都希望探个究竟，对于家长和教师明令禁止的事情更是如此，非要看看违反了以后会出现什么结果。也有些孩子看问题易偏激，喜欢钻牛角尖，固执己见，走向极端。仔细观察，你会发现这个时期的学生自尊心很强，但有时又不能正确地维护自己的尊严，尤其当他们屡遭挫折、失败后，可能会一蹶不振，自暴自弃，显得意志薄弱；对老师、同学的帮助也会置之不理，甚至把家长和老师的劝说、告诫看成是"管、压"，看成是吹毛求疵，是对自己自尊心的伤害，因而把自己放在了对立面，继而产生逆反心理。

（3）家庭、学校不当的教育。

老师和家长都是孩子们接触最多的人。然而，如果我们处理问题不当，就可能会挫伤学生的自尊心。比如，在处理问题时不从实际出发，坚持统一标准，碰到问题只凭主观臆测就作这样或那样的处理，对不同的学生采取不公正的态度，甚至未深思熟虑，不问青红皂白，采取过激的措施，这就很容易挫伤学生的自尊心，导致逆反心理的产生。在教学时，教师的教学方法不合理，不能因材施教，往往导致基础差的学生产生厌烦情绪，从而使学生降低或丧失学习信心，感到自己无论如何努力，也不可能获得良好成绩，消极情绪占了上风，在这种情况下，如不加以引导，我想，也容易产生敌对情绪。

最近，报纸报道了很多关于小学生犯罪的事件，这些无不让我们看到逆反心理对学生、对家长、对社会，甚至对教育的严重威胁。其实，小学生的逆反心理具有双重性，作为教育者，我们既要看到它积极的一面，不一味地指责与否定，又要千方百计消除其消极因素。只要我们方法得力，恰当处理，就可以兴利抑弊，使其从消极转化为积极。

一、倾注"师爱"，建立深厚的感情

绝对信任和尊重每一位学生，是我们必须做到的。不是当众点名批评他们，而是采取个别劝告的方式，着眼于学生的今天和明天，对犯错误的学生能耐心等待；当学生犯错误时，不是想着怎样整治他们，而是向其讲清道理，使其心服口服……总之，多几分宽容，就会有更令人满意的结果。平时，和他们谈心，做学生的知心朋友，多给他们一点温暖和体贴。学会倾听孩子们的故事，也是我们必须学会的一种艺术。为此，我加入班级的QQ群，和他们聊天，看他们喜欢看的书，让他们亲身感受到老师真诚的体贴和关怀，体验到自身的价值。当他们觉得老师值得亲近、信赖时，就会把老师的教育认为是出于好意的劝导而愿意接受。我想我们还要注意运用"自己人效应"，与学生打成一片。把对方与自己视为一体，当孩子们跳绳时，和他们在一起；当新年到来时，和他们一起玩蛋糕大战；甚至和学生一起吃着零食，聊着爱好。慢慢地，就会缩短双方的心理距离，引起师生情感上的共鸣，有益于控制学生的逆反心理。

二、发挥班集体的作用

积极向上的班集体里有健康的舆论，同学间团结友爱自尊自重，身处这样的环境，有利于学生逆反心理的转化。我们可以开展有特色的班级活动，因为班级活动一方面可以使学生学习如何遵守规范和规则，另一方面可以使他们体验到集体生活的乐趣。学生在班级中有强烈参加集体生活、获得友情、受到重视等内在心理需要，因而十分重视集体对个人的要求、评价和信任。老师则可利用学生这种内在心理需要，发挥集体对每个成员的教育、评价和激励作用，营造积极的心理氛围，最大限度地防止逆反心理的产生。本学期，我就和孩子们在班级里开展了几次"六一小法庭"的活动，让孩子们针对不良事件提出控诉，同学可以自己聘请律师打官司，我和同学组成评审团，对一起起"案件"进行审判。这样的活动在无形中对孩子们的行为习惯和思想认识产生了影响，也充分发挥了集体的感化作用。

三、善于倾听，尊重孩子，给孩子平等的发言权

不管孩子的话对不对，师长都要尊重孩子，学会倾听，无论孩子讲什么，一定要耐心倾听。以便了解孩子后对症下药，解决矛盾。当孩子充分表达意见后，师长应做出积极的姿态，这可以让孩子心情愉快，充满成就感，有利于双方下一次的情感交流。对于孩子的偏激，我们要耐心细致地进行疏导，不随意指责或草率评论。其实，针对这方面，我觉得适当地在班级举行辩论赛，是个不错的方法。我们先在班级做几次调查，了解学生在哪些方面有自己的想法。然后，选择学生最感兴趣的，请同学做好充分地准备再进行辩论。本学期，在我们班就举行过几次。孩子们争论得面红耳赤，我也参与其中。在这其中，我们可以了解到很多学生的想法，咱们的孩子们也得到了适当地发泄。

四、提出适当的要求

首先，老师应该看到每个学生的智力、体力、文化基础、学习环境、学习动机、意志等都存在差异，我们在进行教学时，就要贯彻因材施教的原则，要为不同层次的学生设计难易程度不同的训练。给每个学生发挥、提高

自己能力的机会。比如，在课堂提问时，把比较容易的问题留给成绩较差的去回答，把较难的留给成绩较好的去回答。在进行口语训练时，将成绩好的与成绩差的搭配组合，进行分组教学和练习。这样教学，就满足了各个层次学生的要求，使他们都得到尽可能的发展。让学生看到自己的点滴进步，有利于他们健康心理的形成。因此，我们不妨降低期望的高度，给孩子设定一个他能够达到的目标，待他实现后再提出一个高一层次的目标。如此循环往复，既可以避免孩子的逆反心理，又可促进他不断进步，并逐渐接近老师的期望。

五、协助家长的教育，多鼓励表扬，巧敲打

教师要全面了解学生家庭情况，对家长进行针对性的指导和帮助。对有逆反心理的学生的教育光靠学校教育是不能解决问题的，还需要学校、家庭密切配合，而多数家长又缺乏教育的常识和方法，所以学校在对学生进行教育的同时，还要加强对学生家长的教育，对于家长有问题的，我们要向他介绍一些教育方法，请有经验的家长介绍成功的教育经验，使家长掌握一些基本的教育方法，提升家庭教育的质量，使家庭教育与学校教育协调进行，为学生健全人格的形成创设良好的条件。批评虽然可以帮助受教育者认识错误，但其心理总是不悦的，至于粗暴的批评，更是一种适得其反的做法。在人们的心灵深处，最渴望得到的是他人的赞赏与肯定，我们在平时的教育中可以多一些鼓励和赞美。

六、追求自身的完善

我们应深刻认识到自己规范的行为对孩子起到潜移默化的作用。有些老师对孩子要求很严，但自身却很放任，而孩子认为当老师的都没做到，凭什么总要求自己去做，因此不服管。所以，做老师的应以身作则，身教胜言传，尤其是班主任老师一定要"身正为范"，感染和影响每一个学生。对学生来说教师的人格可以说是无字之书、无言之教。一种心胸宽广、自强不息、

乐观向上的气质，一种求实致远、朴实高雅的品位将是我们永远的追求，学生在这样人格的儒化下，才能养成健康的心理品质。

用心地对待自我意识萌发、独立性、自主性正蓬勃发展的孩子，相信小学生逆反心理问题会更好地解决，那我们的孩子们也一定会更开心地生活在健康与快乐的阳光下。

自己才是最好的榜样

王 艳

我们常常说，榜样的力量是无穷的。学生的自制能力差，如果缺少了榜样，往往会失去前进的动力，要么进步不快，要么停滞不前。在给学生树立榜样上，我经历了一些事情，给我留下难以磨灭的印象。

班上有个叫小志的孩子，人缘不好，学习不上心，还有些不好的习惯，我找他谈心，他想知道有什么好办法改正，我就给他树立榜样。他写字潦草，不成字形，我让他跟冰玉学习；他作文不好，我又找了宇翔给他辅导……

仿佛每一个孩子都是他的榜样，既要向这个孩子学习这个，又要向那个孩子学习那个，永远处在仰视的位置。无形中给孩子造成了更大的心理压力，不但没有学好哪一样，反而丢失了好多自身优点，迷失在榜样的群里，被众多榜样压倒了，他无所适从，我也一筹莫展，平添了许多困惑。

在读了《以己为镜》这个故事后我深受启发。这个故事说的是爱因斯坦小的时候十分贪玩，他的母亲常常为此忧心忡忡，再三地劝告对他来讲如同耳旁风。16岁时，父亲给他讲了一个《以己为镜》的故事，改变了爱因斯坦的一生。

这篇文章对我触动很大，让我意识到要"让孩子向自己学习，把自己当成自己的榜样，从而树立自信心"。向自己学习，看得见摸得着，直观现实，确实不错。

一天，小志正在写课堂练习，我轻轻对他说："我很想看看你以前的作业本，你还能找着吗？"没过两天，他拿来两本二年级的作业本，还不无骄傲地对我说："王老师，你看，我以前的字也写得挺工整吧？"我就说："小志，人往高处走，水往低处流，哪有人越来越退步的。你应该把字越写越好才对，你也完全有能力写好呀！"小志以自己为镜，照出了自己的缺点，有理有据，说服力强，自然就愿意改正了。从此小志开始注重写字质量了。

"其实你也有很多优点，不知道你了解自己吗？"我趁热打铁追问他。当时小志吃了一惊，说："啊，王老师，我也有优点吗？我不知道！"我说："每个人都有自己的优点，你就给自己找找优点吧！" 可是在考虑了一天之后，他竟然告诉我，"王老师，我好像没什么优点."孩子竟然找不到自己的一点优点，会对自己多么失望，会不会从此失去自信心呢？一天，课堂上我们正在做练习，黑板已经快写满时，他主动说："老师，我来擦黑板。"我当众表扬小志："愿意为大家服务，了不起！"小志摸摸头，后面的练习写得更认真了。这时，黑板又快写满了，有同学说："小志，快擦黑板！"小志却说："别急，你写完了，有人还没写完呢！再过一分钟。"当时，我心里特感动，立刻说："能为别人着想的人，更了不起！"小志的脸上出现了许久不见的自信的笑容。

下课后，我和一群学生一起回忆小志以前为班级、为同学、为老师做过的好事。"上次下雨我没带伞，你把我送到车站，还一直等到我上车呢！""那天卫生角的扫帚东倒西歪，你主动把那儿扫干净，理整齐。"……小志听了激动地说："这些小事你们还记得！谢谢你们，让我知道我有那么多优点，我以前能做到，以后也一定能做到。"我知道，自信心再次充满了这孩子的内心。渐渐地，小志也的确开始有了喜人的变化，与同学相处和睦了，学习自觉主动了，心目中逐渐建立自己的"榜样"。

我又趁这个机会，让他对自己的进步定出具体的计划，如这学期能多交几个朋友，主动为班级为同学做几件好事，成绩要进步多少，甚至让他对自己的未来进行规划设计，让他有了努力目标，成为他前进的动力和榜样。终于，他成为老师和同学认可的学生。

这样把自己当做榜样，不光对小志同学的帮助效果明显，对班级里其他同学也起到积极作用。班上有几个孩子特别活泼好动，在升旗仪式或早操时常常控制不住自己，在队伍中乱动或讲话。我没少教育他们，总是拿"站如松"来刻意要求他们。甚至亲自向他们示范，要求他们怎样"站如松"，像是在训练仪仗队员，还给孩子们观看国旗班战士的一举一动。开始孩子们似乎很有感触，也努力做着。可是孩子做事没有三分钟的热度，一段时间后，原来怎样还怎样。难道是我给孩子们树立的榜样力量太小了？还是我的方法不对头？我思考着。为小志找榜样的过程，出现在了我的脑海中。

于是，我请班干部坚持一周拿手机拍摄，记录了几个自制力较差的孩子每天的表现，然后我将他们某一次或某一刻的特别好的站姿、走队剪辑下来，放给孩子们看，让全班同学以那一刻的他们作为榜样，效果竟出人意料得好。他们对自己的要求变高了，有时还会去提醒旁边的同学。现在，整个班级的早操队伍，真正做到了快、静、齐，学生个个精神饱满。

有了这两个案例的成功经验，我发现以自己为镜，以自己为榜样的方法，能够有效地帮助很多孩子不断进步。

月儿特别爱集体，每天不光提醒值日生按时按要求值日，自己还总是主动排桌椅，倒垃圾，从不间断，我就让她谈体会，她成了大家学习的榜样后，她对自己的要求更严格，上课发言变得积极主动，再也不走神；小辉特别爱帮助人，班里不管谁有事找到他，他总会尽全力帮助，自从当选班级的"乐于助人之星"，成为大家学习的榜样后，无论是学习上，还是遵守纪律上，都提高了对自己的要求，整个人儿铆足了劲……

看来，孩子们的确需要以自己为榜样，不断完善着自我，不断激励着自我，在通往成熟和成功的道路上不断努力着、进步着。正如苏霍姆林斯基所说的：教师对学生的每次接触，归根结底都是对心灵劳动的一种推动力。而这种推动力越是温柔和微妙，发自心灵深处的力量就越巨大，小小年纪的人就有可能在更大程度上成为自己的教育者。

事情交给我，您就放心吧！

杨 玲

"真奇怪！你们班为什么每天中午、下午放学以后，总有几个人不走？在教室里忙什么呢？"今年春天，几乎每天都有老师这样问我。其实，这是我们班的养蚕小组在非常认真负责地工作呢。

2016年5月，科技周活动期间，科学课黄新老师组织开展养蚕活动。每位学生都可以认领几条蚕回家养，争当"养蚕小能手"，在全校学生认领结束后，黄老师同我协商，想将剩下的两三百条蚕放在我们班级里养，方便学生观察、记录。

"当然没问题！这件事儿交给我们班，您就放心吧！"这可是一个求之不得的好机会！常常听家长们跟我抱怨，每年孩子都热情地想养蚕，可结果呢？哪里是孩子们在养啊，那简直就成了家长们的任务。大部分的家长都认为这是孩子们太懒惰了，很少有人意识到这其实是孩子缺乏责任感的表现。

责任感是指个人对自己和他人、家庭和集体、祖国和社会所负责任的认识、情感和信念，以及与之相应的遵守规范、承担责任、履行义务等自觉行为。通俗地说，就是责任意识或负责精神，即做好自己分内的事，对自己所承担的事尽心尽力，认真负责完成，当自己承担的任务出现问题时勇于承担责任，不推卸，是孩子个性心理的重要品质。

现在有的孩子娇生惯养，从小就被当作"宝贝蛋儿"呵护着，家长不愿也不忍让孩子承担责任，总认为他们还小，能帮他们承担的就自己担着，不能帮他们承担的主动帮助他们找理由。如孩子在学走路时，磕到凳子了，这本是孩子自己不小心，完全可以借此机会告诉孩子遇到障碍要绕行。可爱子心切的爷爷奶奶会无比心疼地扶起孩子，拍打凳子，说都是凳子不好，把宝宝摔疼了。这就是赤裸裸地教孩子推卸责任、迁怒他人。这样一番话，但凡放在冷静理智的时候，他们自己都会觉得荒谬可笑。可面对自己的孩子，情感总会战胜理智。

像这样成长起来的孩子能有多少责任感？因此，加强学生责任感的培养刻不容缓。

在班级中，我平时注重率先垂范，感染学生。在班级管理中，倡导"事事有人做，人人有事做"。本次的养蚕活动恰好就是培养学生责任感的好机会。

首先，我在班级中做了动员，让孩子们了解科学课黄老师将这么多蚕宝宝交给我班照顾是出于对我们班级的信任，激发学生的自豪感。然后，我让孩子们充分地讨论该如何照顾好这么多的蚕宝宝，讨论具体喂养措施。根据大家讨论的结果，我们将全班62人，分为15个喂养小组，每组4~5人，由各组轮流照顾一天。

活动开展的第一天，我暗中观察着孩子们的举动。只见他们互相提醒、互相督促，工作井然有序。有孩子看出了我的不放心，不以为意地挥挥手说："杨老师，这事儿交给我们，您就放心吧！"嘿，人小鬼大！

他们说到做到。果然，每天，都有人记录蚕宝宝形态的变化和食量多少，观察仔细；每天，都有人去领取新鲜的桑叶，及时补充；每天，下午放学都有人清理蚕沙、剩叶，认真细致；双休日，有人争着抢着要把蚕宝宝带回家照顾，积极主动……蚕宝宝在全班同学地精心照顾下，走过了不平凡的一生。

看着孩子们忙碌时兴奋的小脸，听到孩子们看到蚕结茧时的欢呼声，我非常欣慰！没有家长们的帮忙，没有老师们的督促，孩子们尽心尽力地承担着自己的责任，做好了自己分内的事儿。通过这次养蚕活动，孩子们深刻地感受到了自己和同伴们所展现出的强烈责任心。

人所能负的责任，我必能负；人所不能负的责任，我亦能负。责任心关系到学生将来，决定着民族的命运。希望我们培养出的孩子都能信心十足地告诉别人："事情交给我，您就放心吧！"

那些瓶瓶罐罐

葛卫玲

2016年夏天，全国大部分地区持续高温无雨的天气，网络上一幅幅土地干涸的照片让人触目惊心，一张张渴求水的眼神令人心痛，然而身边的孩子们却常常有随意浪费水的行为，批评教育似乎也只保一时。其实不仅仅是水，孩子们浪费的现象还有很多，这要靠我们巧妙引导，单纯的说教只能让他们被动接受，或应付性的做做表面。

记得七年前的一个夏天，天气很热，一到下午许多孩子都会带着饮料来上学，到了下午放学的时候校园里常常看到这一个瓶子那一个易拉罐，学校的保洁员都来不及打扫，学校三番五次地号召同学不要随地乱扔，但是效果都不明显。我注意到我班里的孩子也常常是老师看到的时候就把瓶子什么的扔到垃圾箱，没人注意就随手扔在花坛或操场上。就没有什么好办法了吗？"昨天把家里的废报纸全整理卖掉了……"办公室老师无意中的一句话让我灵光一闪，也许这样能行……

在星期一的班会课上，我召开了一次班会，讨论的主题就是"那些……"孩子们在班会课上畅谈了自己的想法，其实大家都知道这样乱扔垃圾不对，但是总是因为这样那样的原因还是扔了。"那怎么办呢？"我的问题让大家开始思考，别看他们才二年级，想法还真是不少，有的说："我们派人轮流看着，不让大家乱扔。"有的说："我们把用过的瓶子带回家，下次带白开水来喝。"……"大家的办法都不错，不过老师也有个主意你们要听听吗？"我这一说孩子都安静下来了，我从讲台下拿出一个纸箱，放在讲台上，"咱们以后把不用的瓶子都收集到这个纸箱里"。孩子们一脸不解，要瓶子干吗？"咱们的门卫爷爷回收废旧瓶子，老师问过了2个瓶子1角钱……""哇"还没等我说完孩子们就叫起来了，"瓶子还能卖钱？"看着他们一脸兴奋的样子，我觉得这事有谱了，"对！可以卖钱的，咱们可以积少成多呢，我们把卖来的钱做班费，以后给同学们买奖品好不好？""好！"孩子们开心地齐声回答我。

选好了管理员，一共两位，负责每天整理箱子里的瓶子，满了就送去卖掉，把卖到的钱交到我这里，并在本子上登记。看着他们那兴奋的样子我笑了，心里想这能卖几个钱，要指望这钱买奖品要等到哪年，看来我得准备自己掏腰包了。接下来的事相信大家都能想象到，我们班的班费也就这样2角、5角、1元地积攒着，每个星期一的班会课管理员都会和大家汇报上周我们收集了多少瓶子卖了多少钱，班费现在有多少，其实我没想到孩子们能这样坚持下来。

就在我为孩子们的坚持感动的时候，让我更意外的事发生了。那天学校组织我们去炮兵学院参观，到了那里孩子们就交给那边的老师带了，我和几个老师在休息室休息。时间很快到了下午，我在休息室居然睡着了，等别的老师叫我走的时候已经快集合了。我赶紧到外面找我班里的孩子，结果发现他们早排好队在车边上等我了。带队的老师把学生交还给我，不过看我的眼神就有点奇怪，我也没太在意，点好学生人数就组织他们上车。到了车上我才发现怎么他们抱了5个方便面的大箱子，我一脸疑惑地看着他们，他们笑呵呵地看着我也不说话。我忍不住打开一看，顿时惊呆，箱子里全是饮料瓶子："你们……"孩子七嘴八舌地和我说起来，原来他们从吃过午饭开始就在收集瓶子了，本来吃过饭是自由活动时间，结果他们看到操场上有很多同学们吃午饭时留下的瓶子，就想到在学校里收集瓶子卖的事，还上小卖铺要了卖方便面剩下的箱子。据说本来是6箱的，因为看到有个老奶奶也在捡他们还好心送了一箱给她。回到学校他们第一件事就是把瓶子卖掉，加上纸箱子那次一共卖了近6块钱，可把他们乐坏了，从那以后大家收集的劲就更大了。

后来，他们发现原来纸也可以卖。于是用过的作业本，草稿本都加入进来了，原来随地乱扔的垃圾现在成了他们眼中的宝，我还清楚地记得五一长假回来我们班的数学科代表是拎着一袋子瓶子来上学的，一问才知道，原来放假她爸爸妈妈带她去爬大蜀山了，她把山上的瓶子都带回来了。同事都笑着说："你们班的孩子都快走火入魔了。"就这样一学期下来我们班的班费居然攒到了一百五十多，家长会上我和家长们分享了这一切，我和孩子们的这一行动也得到了家长们的支持。学期快结束时，我去采购了一番，当然也从自己腰包掏了点。当我带着一大包的礼物走进教室时，他们兴奋极了。最后每个孩子根据自己在学习、劳动、纪律等各方面的表现领到了相应的奖品，他们拿着用自己的劳动所得购买的奖品，甚是激动……

那些瓶瓶罐罐是小，但带给孩子的是关于节约与浪费的正确观念。随着生活水平的不断提高，现在的孩子对外界的物质要求也在升高。生活中吃、穿、用多方面都渗透着节约与浪费的教育。许多富有的国家，人们花钱从来不大手大脚，而以节俭闻名于世。比如瑞士人常说，我们没有资源，有的只是一双勤劳的手，既然是靠一双手挣来的财富，就没有理由不好好珍惜。瑞士人这样说，也这样做。这个"手表王国"所产的"劳力士""梅花""英纳格""雷达"和"欧米茄"等品牌手表名扬全球，但他们大多使用普通手表，有的甚至戴塑料电子表。

英国的富有在全世界也能排上号，可富裕的英国人也都是十分的"小气"——甚至"小气"得不肯多用一张纸——所有大学的纸都是正反面书写的。另外，英国的中小学生不用买课本，他们用的课本一般都是上一年级学生留下的。这样不仅减轻家长的负担，而且每年还节省了大量印教材的纸，节约了资源，保护了环境。

勤俭节约原本是中华民族的传统美德，要不，也就不会有《勤俭是咱们的传家宝》这首歌。然而，逐渐富起来的我们，却让勤俭离孩子们越来越远。因此，我们作为教育者有必要正确引导孩子勤俭节约，让他们体会生活的艰辛，衣食的来之不易，这才是我们留给孩子的一笔最大的财富。

学校、家庭、社会三力集结，共育少年儿童自信心

金晓敏

自信心是一种反映个体对自己是否有能力成功地完成某项活动的信任程度的心理特性，是一种积极、有效地表达自我价值、自我尊重、自我理解的意识特征和心理状态，也称为信心。自信心的个体差异不同程度地影响着学习、竞赛、就业、成就等多方面的个体心理和行为。

美国作家马克斯威尔·马尔兹说："一个人童年时建立的自信心，对他的一生都将产生十分重要的影响，培养自信心要从儿童抓起，孩子的自信心不是天生的，而是在后天的生活学习中培养的……"因此，少年儿童是否能够满怀自信对于孩子的一生来说都具有极为重要的意义。

自信心的建立是一个系统工程，单一依靠一方力量很难帮助孩子树立起自信心，必须学校、家庭、社会三力集结，才能合作共育少年儿童自信心。

羞怯、文静的雨儿同学是个听话的小姑娘，老师们都挺喜欢她。然而一段时间接触下来，大家发现这个孩子无论是课上还是课下总是沉默寡言，几乎没有朋友，显得有些孤独。有时让她站立来回答问题，她也永远是倔强地低头不语。为此，我和她交流多次，但是她的回答只是只言片语。从她不多的话语中我得知，她是知道答案的，可就是不敢开口说，总害怕自己说错了会遭到同学的嘲笑，有时犹豫许久终于决定开口时，老师却让她坐下来再思考思考。

内因：雨儿同学生性内向、文静。外因：妈妈远在南方工作无暇照顾孩子，爸爸是一名交通警察，极其繁忙的工作让他对女儿缺乏足够的耐心，同时爸爸做事追求完美，常常数落孩子的不是。这一切让雨儿觉得自己什么都做不好，自信心也随之丧失。

针对雨儿的这种状态，我开始关注她，并努力集结学校、家庭、社会三力，培养她的自信心。

1.以宽容的心态，唤醒自信。

缺乏自信的孩子往往更加在意外界的评价，因此教师要以无比厚重的宽

容之心来接纳他们。发现雨儿缺乏自信心之后，我立即放慢自己的教学节奏，尽量跟着她的节奏走。每节语文的课，我都会提问她。最初，我会让她重复一些同学的回答，让她在一次次简单重复中敢于开口。随后，我特意将一些简单、易于组织语言的问题留给她，让她在一次次的回答中，慢慢找到自信。同时，我让班里的"开心果"和他同桌负责经常逗她乐，并叮嘱"开心果"，如果雨儿遇到回答不好的问题时，请及时给予提示。当然，雨儿的每一次回答，我都会适时地送上一个微笑，一个竖起的大拇指，同学们也会送去一阵阵掌声。就这样，课堂上渐渐地出现了雨儿主动回答问题的身影。

一个孩子自信心的培养仅仅凭借老师或学校的力量是远远不够的。作为孩子启蒙教师的家长也起到至关重要的作用。为此，我找到雨儿的爸爸，希望他能在繁忙的工作中抽出时间多陪陪雨儿，并多给孩子一些耐心和宽容。同时，家长要尽量控制自己凡事追求完美的心态，适度放大孩子的优点，不要轻易埋怨孩子，指责孩子，否定孩子。即使是在帮助孩子改正缺点时也不要提出过高的要求，再次打击孩子的自信。

就这样，在老师和家长的共同努力下，一分宽容的心态渐渐唤醒了一个孩子久违的自信。

2.以成功的体验，铸就自信。

适度的成功体验会帮助少年儿童形成成功者的自我认识，成为自信心不断延续、发展的动力。

在学校，以闪光点为抓手，激发自信。一个偶然的机会，我看到了雨儿的美术作业，发现她是个爱画画、会画画的女孩。于是，我立即与她的爸爸沟通，商量着让雨儿代表班级绘制学校少代会的海报。得知此事，雨儿的爸爸相当开心。很快，雨儿也带来了自己的作品，并和其他班级的海报一齐张贴在学校的墙壁上。在为期一周的时间里，每天来看这些海报的同学络绎不绝。每当发现同学们看到自己的海报那惊讶的表情、羡慕的眼神时，默默站在一旁的雨儿会害羞地低下头，有时也会趁人不注意时微微一笑……

一张小小的海报，让雨儿看到了自己的长处，自信的种子在她的心中生根发芽。

在学校，以岗位责任为契机，增强自信。雨儿渐渐地找到了自信，但她似乎还是沉浸在自己的世界中。现在的她能够主动回答问题了，和同桌"开心果"也相处融洽,但是却很难走近其他同学。为此,我利用班级的"人人岗位"制度为她再次搭建增强自信的舞台。我们班级的"人人岗位"制度是指每个孩子都必须选择一项或多项任务来承担起管理班级、服务班级的责任。以前雨儿担任的是路队长一职,这个职务她干得不错。因为只需要她每天上下午在放学时举着班牌走在路队的最前面就可以了,不需要和同学有任何的交流。因此,在征得雨儿的同意后,我在保留她原有职务的情况下,又让她担任了课间联络员。这对于雨儿来说,确实有一定的难度,因为这需要她和我及班级同学打交道。雨儿口头上答应了,可我也看出了她内心的慌张。为此,我特意让她担任周三这一天的课间联络员,因为这一天学校里的课程少,承担的任务也相应少些。同时,我经常让她去帮我找一些平常课间爱停留在走廊或是教室里的同学,这样雨儿每次都能很快找到他们,提醒他们去老师的办公室。随着每一次任务的迅速完成,雨儿和同学的交流越来越多,自信也在不断增强。

在学校,以"家长讲堂"为平台,强化自信。虽然雨儿一直和爸爸生活在一起,但爸爸工作忙,几乎没有接送过雨儿上下学,雨儿为此感到苦恼,每当看到别的同学扑向父母的怀抱时,她明净的眼神中满是失望与期盼。缺少父母的接送,让她觉得自己似乎是个没人要的孩子,这让她刚刚建立的自信又蒙上了阴影。看到这一切,我在想让她爸爸来接送雨儿几乎是不可能的事情,但我可以利用"家长讲堂"这一平台帮助她。"家长讲堂"是利用班级里的家长资源,带领孩子们开展各种活动的一个平台。雨儿的爸爸是一名交通警察,因此我在雨儿不知情的情况下,邀请她的爸爸来到班级进行了一次交通安全知识讲座。当看到爸爸穿着制服走进教室时,当爸爸标准的指挥手势赢得同学们的阵阵掌声时,当同学们纷纷向雨儿投去羡慕的目光时,雨儿开心地笑了。一次"家长讲堂"让她感受到爸爸的爱,让她更了解爸爸的工作,让自信慢慢地在她的心中茁壮成长。

在社会,以社区活动为体验,成就自信。一个孩子终究将走上社会,自信心的培养也要与社会生活相结合。以社区活动为体验就是一个简单、有效的方法。每学期学校都会在社区里开展一系列的活动,我总会鼓励雨儿去参加。假期里,幼儿园需要聘请"假期小老师",我让雨儿教小朋友们画画;双休日,博物馆需要"小小讲解员",我让雨儿背熟讲稿大胆尝试;快过年了,

学校组织学生给敬老院的老人送春联，我就让雨儿画上几幅年画送给老人们
……

通过一次次社区活动，雨儿在活动中体验了成功，形成了对自我的正确认识，构筑了成功者的形象，也自然而然地成就了自信。当然，人的性格与心理状态不是轻易能够改变的，要想让雨儿真正成为一个自信的孩子，还需要继续集结学校、家庭、社会三力，付出更多的努力。

针对这个案例，我在想：雨儿缺乏自信是由多方面原因造成的。首先是家长、教师对孩子缺乏足够的耐心与宽容。其次是孩子没有展示自我的舞台，缺乏成功的体验。同时少年儿童自信心的培养也缺乏社会力量的支持。孩子终究是社会的，在社会生活中树立起自信，才是受用终身的。反观当今社会，人们往往认为少年儿童年纪小、能力弱，又出于安全的考虑，不太愿意给孩子们提供更多的体验机会，让自信心的培养往往局限于学校、家庭之中。

简而言之，学校、家庭、社会三力集结，才能合作共育少年儿童自信心。

小细节，教育的契机

王　艳

文明用语教育，是一种养成教育。通过教育训练，持之以恒，使学生逐步形成使用文明用语的好习惯。小学生自律能力差，这周做到了讲文明用语，下周又忘记，经常出现反复，这是一种正常的现象。我们应对学生充满信心，抓反复，反复抓，扎扎实实，坚持不懈。

一天早读课上，学生默写完课文后纷纷上交。一个同学上来后发现名字没有写。于是顺手打开前排同学的笔袋，一句话也不说就想拿支笔来用。前排同学不乐意了，就捂住笔袋。一抬眼，发现我正看着，又松了手。那位同学用过笔后，竟然把笔往桌上一扔，一句话也不说，就回座位了。这一幕在学生之间时常发生，他们似乎已经司空见惯，没有要使用文明用语的意识了，甚至觉得使用文明用语不好意思，让站在一旁的我心里着实很不舒服。

等大家都上位后，我说："刚才我看了一幕哑剧，让我印象深刻。我想再现一下，请同学们看看在自己身上有没有发生过。"于是，我请一位同学配合，将刚才的一幕表演给孩子们看。看完后，孩子们都不说话。我又说："同学之间每天会发生许多小事，你们之间是怎样交流的呢？你会使用文明礼貌用语吗？"我让孩子们在小组内讨论，设计各种情景，并进行表演。

当时觉得孩子们的启发挺深刻，回到办公室后觉得这个鼓敲得还不够响，应该还有延伸。于是，又组织学生开展"我身边的不文明语言"调查活动。学生自行设计调查表，问卷调查的内容主要包括以下几方面：（1）当看到身边出现不文明语言时，感受怎么样？（2）我们在学校里同学之间的交际要使用哪些用语呢？（3）礼貌用语是日常礼仪的体现，你和同学之间经常使用礼貌用语吗？

学生自由组合成组，深入到本年级当中调查采访使用文明用语的情况。结合身边的具体事例，如实填写调查表，然后交到班主任处，大家共同分析不文明用语事例，并对存在的使用语言陋习进行告知与纠正，积极培养使用文明用语的习惯。通过这项活动，我觉得本班的学生使用文明礼貌用语的情况有所改观。

从学生的小调查中，我们还发现有的孩子提到了父母在使用文明用语方面对自己的要求。有些父母认识片面，对培养孩子的文明用语习惯显得不够重视。尤其是高年级孩子的父母，将较多的注意力放在了学业成绩上，而忽视了孩子的文明用语习惯。也有一些父母认为，小孩子天真无邪，想怎样就怎样，长大了就懂得使用文明用语了。想一想，现在有些孩子说话没大没小，家里来客人不知道怎么礼貌待人，这些孩子如果不教育、不矫正，会在某一天早上突然变个样吗？

面对这样的家长，我们明白，就算在学校里孩子注意讲文明用语，可经过家长的"熏陶"，到头来还是竹篮打水一场空。因此，要培养学生使用良好的文明用语，必须取得家长的支持，积极向家长宣传使用文明用语教育的重要性，争取家长的配合，形成齐抓共育局面，逐步培养学生养成良好文明用语的好习惯。

我有我的兵法

徐 琳

我们班学生的素质参差不齐，给我们班代课的老师都有同样的感觉，就是很多学生都很好动，一部分学生还缺少良好的行为习惯和学习习惯，自己做不好还影响别人，在班级管理这方面老师很难开展工作。所以，我针对本班学生的特点想了很多点子，经过不断探索和反思，我总结出一套适合本班级的方法。

一、凡人名言法

凡人名言法，顾名思义，平凡的人也有不凡的语言，以此激励自己。儿童都是单纯的，当你给他一个明确的方向让他努力时，他就会拥有雄心壮志，奋发向上的决心。如珍惜时间就是珍惜生命；帮助自己，快乐他人；无论做什么事，关键的是要先做起来。虽然他们的语言还很稚嫩，还有很多模仿名人的痕迹，在我们听来也再熟悉不过了，但是，我还是受到很大的震动。我是这么想的，不管他们是自创的还是模仿或者是抄名人的，至少他们读了、想了、写了，在这段时间里他们也确实朝这个方向去努力了，那么，我让他们自我教育、自我激励的目的就达到了。思想意识本身就是个长期形成的、循序渐进的过程，所以，我并不着急要他们短期里就会达到什么崇高的境界，作为班主任，我看到他们在朝着一个正确的方向努力，我就感到很欣慰了。

二、卡片传爱法

我班的小A同学在班级是个并不讨人喜欢的学生，他有着和同龄人很不相符的性格：叛逆、暴躁。两句话不合就对别人拳打脚踢，还经常拖拉作业，并为此编造各种借口。说实话，很多人都排斥他。他就变本加厉，无论对同学还是老师，只要提到他的名字，他就横眉冷对，一触即发的模样。当时，我也很头疼，暗暗告诉自己冷静下来，通过和家长推心置腹的交谈，找出了他这种行为的症结所在，紧接着我又查阅了大量的案例，了解此类儿童的心理，终于想出对策，那就是不嘲笑他、不孤立他、不放弃他，每堂课我都会为他设计两个比较容易回答的问题让他回答，帮助他在同学们面前树立信心，找回自尊感。同时，我会适时表扬："嗯，说得真不错！你注意倾听啦！"他会很得意地抬起头去看周围同学的态度……类似这样的鼓励，课堂上经常出现，久而久之，同学们渐渐感受到他的转变，当我表扬他后，就会有一些同学为他鼓掌，课下也愿意和他一起玩耍。他回家后还会把受表扬的事激动地告诉父母，为此，一家人总会乐上好一阵子。本学期，他变了，大家觉得他不像以前那样讨厌了，也愿意和他一起玩了。这就是爱的作用，是大家的爱心感动了她，是爱让他和同学们的心靠在一起。

三、寻找闪光点

在以前，上课铃声都响过好一会，我班的几个学生们不能安静下来，无论老师班干怎么批评也不管用，甚至越批评逆反心越重，跟老师和班干作对，一副无所谓的态度。我一直在寻找一个契机来引导他们。我发现王同学的作业不仅干净整洁，而且字写得相当漂亮，本子保管得也非常崭新，我在班上夸他的字漂亮，奖励他一颗"自理之星"。而另两个同学平时在班级也比较热心，爱为班级和老师做事，于是我对他们的乐于助人的精神予以表扬。我不再只看到他们的缺点，而是去挖掘他们更多的闪光点，巧妙地鼓励他们，引导他们找出自身的闪光点，增强自信心。现在，这些孩子被我公正的态度折服，在课堂中态度端正多了。我班还召开了"明天，我们毕业"的主题队会，孩子们群策群力，有的搜集照片，有的邀请老师，有的准备摄像，还有的准备节目，家长也主动来参与、帮忙，队会最终取得圆满成功。通过这次活动，孩子们学会爱身边的人，懂得珍惜身边同学和老师的友情，明确要做一名有爱心、有责任感、懂得感恩的人。

这些点点滴滴只是我在班主任工作中的一些小花絮，它们就像一颗颗小小的珍珠。我相信，只要我这样坚持不懈地去反思总结，当我将它们串成一条项链时，它一定会焕发出夺目的光彩！

"墙" 消逝了

崔睿，参加工作十九年来，一直担任班主任的她"爱心、耐心、细心"是她的法宝。她曾获得庐阳区十佳德育先进个人、优秀辅导员等称号，所带班级被评为合肥市"先进班集体"。她多次参加区课堂评比获一等奖，曾被评为庐阳区教坛新星、支教工作先进个人等。所撰写的论文也多次获省，市、区的一等奖。

新学期，班级出了点新状况——男女生关系有点紧张。一道无形的"墙"，在男女生之间筑了起来，将他们隔在了两边。开始，凡是男女同桌的课桌中间都会有一道分界线，"井水不犯河水"。否则过"界"的橡皮、课本、文具盒等，轻则被扔在地上，重则要"负伤致残"。男女生之间，常因为一点小事而争吵，原来不错的一个班有些乱了。

一个星期一的上午，中队长小王在协助我检查家庭作业。小王是一个对工作认真负责的女同学。当他检查到劳动委员小武那里时，见小武作业不认真，便让他重做。小武有些恼火地嘟囔了一句。小王没有理睬小武，只是冷冷地说道："做作业不是为了检查，不好就得重做。"小武一听便与小王吵了起来。我闻声走了过去，接过小武的作业本一看，果然字写得歪歪扭扭，很不认真。见两人一副剑拔弩张的势头，我对他俩说："小武作业的确不认真，得改正。小王检查作业，认真严格很好，但态度可以好些。"我的"仲裁"使教室平静下来。

　　然而，事情并没有就此结束。下午，我刚出办公室准备去上课，就听见班级传来一片闹哄哄的喊叫声。出了什么事儿？我心里蓦地一沉。疾步走到班级，只见小王手持扫帚追着小武打，女生在为小王助威，男生则护着小武躲闪追打。目睹此景，我不由气得全身发抖，大喊了一声"住手"！

　　叫喊声止住了，全班安静了下来。小王、小武两人呆呆地站在那里，不一会儿，小王就哭起来。我强忍住怒火询问事情的原因。男生忙着为小武开脱，纷纷表示，是小王先动手的。女生也毫不示弱，齐力为小王辩护。你一言，我一语，全班瞬间乱成了一锅粥。不难看出，无形的"墙"阻隔在男女生之间，使他们不能正确分辨是非，而只是从各自的角度去看问题。既然现在男女生之间的隔阂在小王、小武之间体现出来，我必须把这件事弄个水落石出。

　　放学后，他俩先后来到我的办公室。经过短暂的沉默，我打破了僵局，低沉地问："你们知道班级公约第二条是什么？"俩人几乎异口同声地说："诚实、守信、敢担当。""知道就好，那谁先说说今天发生的事？"二十分钟后，我了解了事情的全部经过。

　　原来，上午小武挨了批评之后，很是不服气，就趁小王不在，在她的语文书上画了一只猪，并表示小王就是那只猪，而且还是一只待宰的大肥猪。小王看到后，生气地寻找"凶手"，最后得知是小武干的。下午小王正在扫地，一见小武进教室，二话不说，拿着扫把就打过去了。小武哪受过这样的"待遇"，一个追，一个躲，于是就出现了前面的那一幕。

　　情况搞清楚了，小王主动承认错误："老师是我不对，我不该打小武，我向他道歉。"小武也不好意思地说："都怪我，我不该在小王的书上画画，并说小王是猪。"最让我吃惊的是，小武请我不要批评小王。

　　孩子像棵小树总是争着向上，但又离不开园丁的精心照顾，看到他俩都作了自我批评，我心里很高兴。今天这事算是男女同学之间隔阂比较突出的表现了，他俩又刚好是班级中的核心人物，我何不借着这件事来消除男女生的隔阂呢？我迅速调整谈话思路，对他俩勇于承认错误的做法表示赞赏，同时又给他俩布置一个任务，我对他们说："现在老师有个烦心事，你看你俩是班干，又是我的左右手，能不能帮老师解决下？"这俩孩子当然知道我的烦心事是什么，话音刚落，小武就说："老师，您放心，我能保证男生不再欺负女生。"小王点点头说："老师我能保证女生与男生团结起来。"

孩子说话是算数的。小王和小武在男女生团结方面做了表率作用，他们在同学中有威信，协助我做了好多工作。我在平时授课时，也总是有意无意地进行渗透，注意正确引导班级凝聚力和团结。组织班级进行"We are family""中国好同桌""男生女生向前冲"等活动。经过一个学期的努力，班风大大转变，男女同学之间互帮互学，共同进步。之后，班级公约上又多了一条：爱他、爱她、爱大家。

那道无形的"墙"消逝了。

德 育 课 堂

真教育是心心相印的活动，唯独从心里发出来，才能打动心灵的深处。

——陶行知

家校社共育，培养儿童科学理财

——浅谈小学生财商教育实践路径及方法

费广海，大学本科学历，小学高级教师，教坛新星、骨干教师，合肥市优秀教师，全国教材实验优秀教师，安徽省教育实验优秀管理者。多篇论文获国家、省、市、区级奖，主持多项国家级、省级课题研究。论文获得安徽省首届校长论坛论文评比一等奖。

何炜，同前。

一、关注儿童财商教育，刻不容缓

理论界有人已提出FQ（财商），它包括两方面的能力：一是正确认识财富及财富倍增规律的能力（所谓的"价值观"）；二是正确应用财富及财富倍增规律的能力。这是在IQ（智商）、EQ（情商）之后，又一个被高度重视的能力。6岁以前是财商萌芽期，6至12岁为形成期，12至18岁为发展期，18岁以后为升华期。国外很多国家，早已将理财教育作为一种早期化和日常化的教育模式加以实施，有的已正式将个人理财知识教育纳入中小学教育法案中；有专门给孩子开设的银行；有的把理财教育称为"从三岁开始实现的幸福人生计划"。财商教育的最终目的，是实现人的全面发展和各种素质的全面提高，培养现代合格公民，共同促进人类的美好生活。

21世纪的中国是经济一体化、财富多样化、观念多元化的高度发达的市场经济社会。人们的生活水平得到大幅度提升，家庭收入逐年增长。而独生子女的家庭现状，导致父母在子女身上的投资费用越来越多。再加上祖辈的过度宠爱，孩子的零花钱来得越来越容易。在我校学生的消费行为中，我们发现孩子们对金钱的自我管理和自我约束能力较差，在消费时缺乏家长的理性疏导和教育，在形形色色消费形式的诱惑中，盲从、跟风、攀比的现象十分严重。这实际上就是理财意识的缺失。

同时，社会上出现的非法获取金钱利益、贪图享受、高消费乃至金钱至上的悖论，也扭曲了部分人群的财富观、价值观、人生观，以致出现了许多耸人听闻的贪污、勒索、欺诈等恶劣事件，对儿童的成长环境、人生价值观的形成，也构成了一定的威胁。

因而，学校教育中必须弥补"财商教育"这一短板——培养儿童正确认识财富，养成合理积蓄、合理消费的好习惯（财商能力目标）。同时，在理财教育中，培养儿童感恩、诚信、责任、勤俭、自信、自强，树立正确的财富观、价值观、人生观（人格培养目标）。

我校以贯彻《中小学德育纲要》《中小学生守则》《加强未成年人思想道德建设若干意见》等为目标，以《中国少年儿童研究》《人民教育》《中小学德育》《教孩子学会理财——我国城市儿童的财富状况与理财教育蓝皮书》等为理论指导，积极申报了中国青少年研究会国家级十二五课题子课题"家庭、学校共育环境下，培养儿童科学理财习惯的实践研究"，2013年3月成功立项，结合学校、家庭、社区资源，建立学校、家庭、社区联合的多维教育网络，达到新形势下构建和谐校园文化、推进和谐家庭建设、加强现代公民教育的重要目标。

二、创新研究路径及方法，三方合力

理财课题是目前社会关注度比较大的热门课题。中国青少年研究中心总课题组专家老师提出：此研究具有一定的价值，但在研究中，一定要看到，理财并不是学校教育的强项，必须要与家庭、社会相结合，特别是从家长群体、社区服务领域中找到具有相关特长的人员帮助学校开展此项研究，以保证课题研究的科学性；在实际推进中，切忌商业化的影响和操作，把理财真正放到为儿童健康发展的方向来做，才能得到老师、家长以及社区服务行业的支持。

（一）调查研究阶段——发现问题，寻求帮助

在专家组的建议下，我们首先设计了"小学生零用钱来源和使用情况调查表""家长理财知识及培养观念调查表"，对家长和学生进行了问卷调查。问卷涉及内容有：零用钱来源及数额、零用钱使用情况、家庭收支情况、家长理财观念等。从问卷中，我们了解到学生群体中消费理念的误区、理财观念的水平、家长群体对理财教育培养的观念差异。同时，相关理财专业领域的家长也纷纷助力。

（二）研究实施阶段——家校合力，行动干预

我们将研究对象的总体范围界定为：小学一至六年级的在校学生，他们的理财意识、方法、能力及习惯等；家长培养孩子的家庭理财观念、行为方式及形成结果的特点。其中，关键变量界定为：学生财富获得来源，储蓄方式及额度，财富增值方式及额度，消费方向、途径及数额比例等。力求从学生与金钱接触最基础的动机、方法、行为中，研究其基本行为特征，总结归纳学生可以效仿的行动基本导向与规范。然后，按照学校、家庭、社会三维目标，制订实践研究的路径及方法。

1.儿童理财课堂模式的研究（包括学校环境中儿童理财模拟体验活动的可行性探索）。

（1）学科理财课堂——阅读课、品德课、数学课、综合实践课、科学课等。

20世纪90年代以来，英国政府从小学就开始设置理财教育课程；美国就通过不同的方式为理财教育提供服务；在以色列，财商教育更是从幼小时期便开始渗透。目前，我国财商教育尚未成为基础教育的组成部分。因此，我们尝试着在学科教学中渗透财商教育。

我们首先在数学课、阅读课、品德课、家长课、综合实践课、科学课进行了尝试。数学课——指导孩子认识人民币，了解金钱价值的基本概念，感受人民币的发展与国家经济发展之间的关系；阅读课——指导孩子阅读经典图书中一个个生动的故事案例，从而培养理财兴趣，学习理财方法；品德课

——指导孩子理解科学理财的目的、意义及操作程序，评议交流理财智慧；家长课——指导家长学习财商理论，分享家庭理财金点子，提升家教理念；综合实践课——指导孩子在活动实践中，模拟消费过程，辨析价值观倾向，探究理财行为取舍；科学课——实地调研考察，初步了解个人理财观念与市场经济体系的关系。

①案例一：阅读课，《小狗钱钱》教孩子理财。

对儿童进行理财教育，既是科学，又是艺术。怎样的理财教育引导，才能让独立自我、个性张扬的这一代孩子欣然接受呢？蓦然中，一只拉不多拉猎狗跳入我的视野："小狗钱钱"。这是一部风靡欧美的财富启蒙读物《小狗钱钱》。这部书的作者是欧洲首席金钱教练、畅销书作家博多·舍费尔。他把一些理财的知识和道理，融入到一个个很有趣的童话故事中。主人翁小狗钱钱竟然是一个深藏不露的理财高手，它彻底改变了吉娅一家人的财富命运。如此生动的故事，伴随深刻的道理，在深入浅出中教我们如何从小学会支配金钱，而不是受金钱的支配；如何像富人那样思考，正确地认识和使用金钱；如何进行理财投资，找到积累资产的方法，早日实现财物自由！

比起曾经看过的理财故事《富爸爸穷爸爸》和《谁动了我的奶酪》，我觉得《小狗钱钱》显然更适合孩子，因为美好轻松的童话故事，更容易激发孩子阅读和学习的兴致。这部书突破儿童的"金钱禁区"，它告诉我们，在孩子的世界里，金钱与劳动之间亘古不变的规律，只要方法得当，就可以让每个人都拥有自己的"鹅"，找到自己心中的"小狗钱钱"。

我悄悄地给班级图书角购买二十本《小狗钱钱》，静观"无心插柳柳成荫"的奇迹。童话人物，唤起孩子心灵深处对成功的期待。几乎是一夜之间，所有的孩子都开始冲动地要为自己准备"成功日记""梦想储蓄罐"、金"鹅"账户。更令人惊喜的是，就连含义深刻的72小时规则、10分钟意义、财物管理的分配比例等有关理财的知识和道理，也同样疯狂地在孩子们的群体中传播起来。

②案例二：品德课，做聪明的消费者，做有爱心的社会人。

四年级品德与社会《做聪明的消费者》一课中，有趣的活动内容有："我们去商店看看""上哪里买东西"。通过活动让儿童知道各种类型的商业场所及其特点。学习购物，知道各类商品购买的地方，懂得购物的简单常识。学会了解社区，融入生活。

理财除了消费外，还用于一些公益事业。在品德与社会《人人献出一点爱》课上，杨玲老师引导学生懂得在他人遇到灾难与不幸时，应该给予同情和帮助，培养了学生对他人的同情心和爱心。做到同情、关心和帮助有困难的人，使他们感受到温暖，增强战胜困难的勇气，更加热爱生活。在教学快结束时，孩子们自发地提议要给"希望工程"捐款，于是在短短的一天内，捐款达六百多元，成功地帮助了一位农村的失学儿童恢复学业。

结合品德课程，还可以引导学生理智消费，勤俭节约，将原本的一次性消费最大化地实现二次或多次利用。

③案例三：综合实践课，体验金钱价值。

钱到底是用来干什么？从本质上来说，赚钱并不是最终目的，因为钱只是一种工具。

杨玲老师在综合实践活动课程中设计了《体验购物》一课，通过一系列的活动让学生了解生活中的消费现象和消费方式，让学生认识到消费无处不在；通过有关的消费常识和经验的介绍，以及零食摊点卫生状况调查等活动，了解买东西是有学问的，从而去探讨买东西的学问；通过消费者常常遇到的问题展开讨论，寻找解决办法，形成保护自我正当权益的意识，做理性的消费者。

王昌余老师在综合实践活动课程中设计了《合理消费》一课，和孩子探讨了我们手中用于消费的钱应该怎样花，我们生活中的消费行为哪些是正确的，哪些是错误的，我们平时的消费心理和消费行为受什么因素影响，等等，教孩子理财并引导孩子合理消费。

④案例四：科学课，参观华诗雅蒂丝绸厂。

说到"理财"，首先要让孩子适度了解家里的经济状况，初步了解赚钱是很不容易的。让孩子知道金钱的来源。孩子的钱，一般都是父母、亲朋等送给孩子的，比如压岁钱、生日礼物、过节费、成人礼等。这些钱来得很容易，如果父母不给孩子讲清楚这些钱的来源和意义，孩子就会觉得，只要过年过节过生日，钱就会来了，年年如此。所以你必须让孩子明白，从父母手里拿的钱都是父母的劳动所得，父母要用这些钱来养家糊口，钱里有父母的辛劳，将来孩子长大了，也同样要承担养家的重任。如果是亲朋好友送的，则要让他明白，这些礼物将来他是要还的，并非人家就该给他。

黄新老师、杨玲老师利用科学课时间带领孩子们参观了华诗雅蒂丝绸厂，不仅了解了丝绸工艺，更亲眼看到了工人们辛苦劳作的场景，了解到家庭收入的来之不易，令孩子们感慨万千。

（2）少先队理财活动——红领巾跳蚤市场。

学校少先队经常开展红领巾跳蚤市场义卖活动，鼓励和倡导队员之间以物换物，不让手中的物品闲置。各班红领巾"义卖"志愿者们来到指定场地，把队员们捐出的义卖物品一一摆上展台。这些物品中有绒毛玩具、书籍、二手文具等，在这些琳琅满目的物品中，最有特色的是同学们自己创造的字画和手工艺品，创意十足。

活动过程中，整个义卖场地到处充满队员愉快的问询声、商量声、吆喝声。义卖捐款箱前排满了长长的队伍，队员们纷纷将自己的爱心奉献给需要帮助的小朋友们！

红领巾义卖、以物换物活动，给全体队员在参与过程中收获了许多，让队员们学会理财，懂得节约，学会废物利用，培养诚信意识，懂得奉献一份爱心了。

（3）专业理财课堂——家长进课堂、专家理财讲座。

亲子财商教育课堂，为孩子们的"自力更生"理财行动添把儿火。学校每周五下午的综合实践活动，是孩子们自由的天地——他们自由选择兴趣小组，自己当老师，自由组合备课，自制课件。在这样的平台，我们的家长朋友也受邀来班级，有时还会亲子共上一堂课。这样一个"亲子财商教育课堂"平台，为孩子们的"自力更生"理财行动添一把火。

如班级财务专家田爸爸，擅长财务管理业务。他教孩子们认识账本、学会记账，懂得从账本中总结分析消费的合理性，建立金"鹅"理财账户，定期存钱，初步学习管理财物，明白生财有道等。再如，倡导有偿家务劳动的方爸爸，鼓励孩子在家庭劳动中承担一定的任务，以劳动积分引导孩子尊重劳动，珍惜劳动所得，孩子与家长共同签订劳动报酬协议，孩子以兑换积分的方式挣钱。可谓"君子爱财，取之有道"啊！还有，在银行工作的杨妈妈、徐爸爸，更是忙得不亦乐乎。他们把银行的各类型账单模板带到班级，带领孩子们认识这些模板，还给孩子介绍定期定投、保险、基金等，利用工作之余的时间，与课题组商量应对策略，积极创造学校与银行合作的方式。我们衷心感谢这些无私的家长。

（4）课外模拟体验活动——"宝贝地球村""果壳里"职业体验。

联合社会机构，为儿童创建课外理财模拟体验活动，是一个特别有意思的创意。孩子们特别喜欢"宝贝地球村""果壳里"的职业体验，以及大型义演义卖活动。

这些职业体验游戏场所，为孩子提供职业体验，并以打工挣得的游戏场所特制货币进行消费。这种模拟体验，锻炼了孩子，培养了理财意识，懂得金钱与劳动的关系，学会珍惜。

大型义演义卖活动中，印象深刻的是由安徽省儿童基金会办公室支持，安徽省妇女儿童活动中心联合家乐福（安徽）举办的家乐福杯"爱心成就未来"庆六一广场活动，分为少儿书画公益拍卖会、百名爱心小天使现场义卖活动两项。安徽电视台动漫频道的糖果姐姐主持了本次文艺演出和拍卖活动。本次活动合计募捐善款近5500元，通过安徽省儿童基金会捐助11名"春蕾女童"，奉献大家的一片爱心。

2.家庭中进行理财教育的策略和方法。

（1）家长学校开课，提升家长理财教育理念。

家长学校开课中，我们为家长精心推荐培养孩子理财观念的书籍，以便家长找到最适合孩子的理财教育方法。

《亲子理财50课》：中身为人父又是资深财经专家的林博士将自己的学识与亲身经历结合起来，通过50条生活实例与父母分享儿童理财的心得，为不同年龄的儿童量身打造了各种理财训练，指导父母在日常生活中如何向孩子灌输正确的金钱观念，详细介绍了应付孩子日后上学以及生活开支的投资计划。

《孩子学理财的第一本书》的语言简洁明了，例子真实生动，易懂易教易学。每小节的最后提供了一些经常遇到的理财小场景和理财小诀窍，家长和老师都可以在书中找到最适合孩子的理财教育方法。

《让孩子富裕一生》告诉我们经济危机之下，我们能为孩子做点什么？"我的新偶像"系列介绍索罗斯、巴菲特、彼得·林奇和格林斯潘4位投资巨人儿时的故事，希望孩子们透过这一系列的"新偶像"，学习他们成功的方法，了解他们成长的道路，探究他们成功的端倪，用生动独特的方式为孩子树立理财好榜样。

《让孩子受用一生的12堂财富课》告诉家长如何做孩子成功的人生导师：发现孩子潜藏的商业天分，引导他们学习经商技巧，教会他们简单的财务知识；此书还特别结合孩子成长的不同阶段，提供了30种可实际操作的生意模板，让家长和孩子一起实现财富梦想！

（2）家庭理财行动，指导儿童理财方法探究。

家长是怎样对待孩子的零用钱呢？经调查，我们将父母的处理态度归纳为如下五种类型，并作出相对应的分析：有求必应型——给学生的零用钱是要多少给多少，尽己所有；攀比型——别人的孩子有多少零用钱，父母就给自己孩子多少，甚至给的比别的孩子还要多；报酬型——适应市场经济发展，学习好给辛苦费，干家务活给劳务费；反对型——小学生不需要什么零用钱；理智型——根据子女的年龄、性格与自己家庭的经济状况，根据孩子学习与生活的需要适当地给学生一些零用钱，并教育学生如何因人、因事、因时、因地、因物的不同来正确使用零用钱，一般不过多地给学生零用钱。

针对这五种类型的家长理财观念的差异，我们采取了分年级实施家庭理财行动干预。

①低年级段，引导家长通过讲故事，帮助孩子树立正确的价值观、金钱观，培养孩子正确的消费观。故事是儿童最喜欢的朋友和老师。故事可把抽象的、复杂的概念转化成儿童能懂的情节。指导家长在故事中让儿童去认识金钱，是一种简单、有效的方式。如"十一个爸爸""神笔马良""金银岛"等大家所熟悉的故事，还有家长工作挣钱的故事。家长在向学生讲述故事时，应告诉学生，钱是有用的、有价值的，它可以买到许许多多想要的东西，但钱又不是万能的，许多东西是用钱买不到的：如父母的爱、师生的情、同学间的友谊，都是不能用钱能买到的；钱虽然宝贵，但应取之有道，用之有理，不应该过分沉迷于金钱；钱来之不易，只有劳动才有收获，应养成简朴的作风，不该买的不买，家里有的不买，学会节约，珍惜父母的劳动。

②在中年级段，指导家长端正理财观念，让孩子了解家庭经济，做使用零钱的预算，做到花钱要有计划，帮助孩子养成收支记账的习惯。孩子的通病之一就是乱花钱：不懂计划，不知节制，帮助他们制订使用零花钱计划，

列出哪些是必须买的，哪些是可买可不买的；用信封分装不同用途的预算，让孩子养成预算的观念，学习有节度、有计划地使用金钱。教育孩子量入为出，培养他们的责任感，如何用钱精明、得当，懂得量入为出，不欠债，对金钱有一个正确的使用观念。同时，记账管理可以避免经济行为的盲目性和混乱。从记账中，父母还可以了解孩子对零用钱的合理需求量，为究竟给孩子多少零用钱提供可靠的依据。

③在高年级段，协助家长加强理财教育，以如何打理压岁钱和零用钱为切入点，适当引导孩子尝试金融理财产品，开发学生的理财能力。与银行建立联系，教孩子把剩余的钱放入储蓄罐或以学生的名字开个户头存入银行，养成储蓄的好习惯；和家长一起购物，体会如何购物能够省钱；结合学校开展的"零用钱好去处"活动，让孩子学会合理、健康、有意义的消费。至于银行针对儿童开发了一些理财产品，可以引导孩子尝试，从小利用金融理财产品，灵活运用资金，学会"钱生钱"，能够从小培养孩子的赚钱意识与能力。

（3）校园交流评议，分享儿童理财行动成果。

班级里交流理财故事，是孩子们最有成就感的事情。谈理财心得、苦与乐、展示家长评价、小账本展览等，都能激发学生理财行动的动力。

正确健康的理财观将使孩子了解人生的意义与价值，进而享受并开创人生。正确的理财教育，不仅仅是教会孩子良好的金钱观念，懂得一些基础的理财方法来管理金钱，培养正确判断和合理选择的智慧，更重要的是要培养孩子的责任、感恩、自信等品德，养成良好的理财习惯，学会用经济的眼光和思维方式来规划梦想和管理人生。

①案例一：我要大钱生小钱。

陶同学被妈妈带到银行，妈妈用他的名字为他开了一个储蓄账户，将过年收到的红包如数存进了银行，并跟他详细解释了什么是"本金"和"利息"。陶同学仔细地看过自己账户上的数字后，开心地笑了："妈妈，以后我的钱你都要帮我存进银行，我要大钱生小钱，哈哈！"

②案例二："海阳"银行。

袁同学正式接触"理财"概念，是从读"贝贝熊系列丛书"中的《学会理财》开始的。爸爸妈妈创建"海阳银行"的原型就是书中的"熊王国银行"。爸爸妈妈仿照书中小熊父母的做法，每星期给海阳发5元零花钱，但是不给现金，而是存在"海阳银行"里。当海阳需要花钱或是买点什么的时候，就填写一张家长自制的支票，填上"日期""支出金额""用途"等，到家长那儿凭票取现。同时，家长会保管存根，作为凭证，记录余额。爸爸妈妈还把各种家务活"明码标价"，当袁同学完成一项家务并通过验收后，他在"海阳银行"里的存款余额就会增加相应的金额。

③案例三：真正的财产。

宋同学参加了棋校的联赛，每次联赛结束后，老师根据比赛成绩发"奖金"兑换券，从1元到3元不等。每次赛后，她拿到兑换券都奔至前台老师那兑换。她一共攒了76元，她用个小钱包把钱捋得整整齐齐的，经常拿出来数数，特开心。过年时爷爷奶奶给的压岁钱她收下后，玩一会，顺手就会落在什么地方，自己也记不住了。可是这七十几元，她都保管得好好的，对于她来说，这才是真正的"财产"。家长决定，今年她"撞10岁"后，开始每月定时发放零花钱。经反复考虑，商定每月发10元，由她自己管理和支配。

④案例四：日薪制和年终奖。

刘同学家长高招：每天孩子表现较好，就能得到一元钱工资，保持整个月还能另得10元奖金。钱不多，主要起引导教育作用，可以培养孩子持之以恒的性格。孩子的钱完全由她自己支配。"没有监管，她要乱花怎么办？"刘爸刘妈也考虑到了这一点，于是设立了"年终奖"。即：每年春节，我们都会给孩子"压岁钱"，金额就等于她存折里前一年储蓄的余额，多余多得。为了能得到更多的"压岁钱"，孩子平日里花钱就不会大手大脚。

3.儿童消费环境差异的调查研究（包括环境干预方法的探究）。

我校（合肥市南门小学）位处城市的中心，学校周边的大商场、超市很多，商品种类齐全、购物方便快捷。校内孩子大多数是独生子女，家庭生活条件普遍较好，在消费状况上存在两极分化现象：一部分学生品牌意识强，有攀比心理及盲目冲动消费现象；另有一部分学生过于在乎账本数字的递增，与亲人斤斤计较，虽有较强的消费欲但严格控制账本支出数字。那么，乡镇的孩子理财观念和能力又如何呢？我们选取古城小学的2个班级作为重点，同时还在其他班级随机抽取学生，通过问卷调查、个别交谈和个案分析，从中可以看出，乡镇孩子留守儿童数字远大于城市，乡镇学校周边大多卖早点、文具等较实用的东西，商品种类不够齐全，样式不够时尚，因为周围没有大型的书店及商场，所有孩子们对电视中所看到的各类品牌服装及漫画、玩具等，没有强烈的购买欲。对零用钱的月支配次数较少，就更不用谈什么理财好习惯了。

针对城乡学生不同消费环境的差异，课题实验老师是如何引导学生理智消费的？我们从以下几方面进行干预。

（1）学校环境干预——引导正确消费观，不攀比不吝啬。

学校通过班会课、广播站等宣传手段教育孩子钱不是万能的。"有钱能使鬼推磨"这是错误的说法，具有攀比心是不对的。知识、能力、气质、性格等好多东西就是用钱买不到的，而一个人再有钱也买不完世上所有的东西。只有劳动、知识、经验、能力等才是每个人不可少的财富，拥有了这些才能拥有幸福。

除了广泛的宣传教育手段，我们对城里学生"怎样花钱更有意义"上进行行动干预：班级里成立"红领巾小银行"，鼓励学生爱心捐款，并定期举行献爱心实践活动。如：去敬老院看望孤寡老人，给贫困山区的孩子捐书本或衣物。以此，让其明白攀比的消费行为要不得，我们要向最需要帮助的人伸出援助之手。

乡镇的孩子，因为家庭收入情况一般，学生对商品的种类及其市场价格了解不多，我们对乡镇学生"怎样花钱更划算"上进行行动干预，手把手地教学生网购书籍，买东西前查价格、货比三家等购物技巧。

（2）家庭环境干预——培养儿童勤俭节约，懂得珍惜。

勤俭节约是中华民族传统美德。作为小学生，无论男孩还是女孩，必须养成勤俭节约的好习惯，因为勤俭节约是科学理财的第一步，而这个习惯的形成的最佳时间就在小学阶段。现在生活水平提高了，孩子的零花钱也多了，如果乱花钱，就不会珍惜金钱的价值，就不会形成正确的理财观。父母们应根据自己孩子的消费特点去进行跟踪、干预。

我们认为父母培养孩子勤俭节约的好习惯，可以从让孩子体会赚钱的艰辛着手。家长利用寒暑假等时间鼓励孩子进行劳动实践，如下地干一天农活、帮妈妈当一天家、帮亲戚做一天生意、替奶奶带一天孩子、跟着爸爸上一天班、上社会自己找活干等，孩子自然会从实践中领悟到许多道理。通过体验家长的辛劳，知道挣钱真的不容易，从而培养儿童勤俭节约的好习惯。

不过勤俭节约要适度，太过了，孩子容易为人吝啬，做事不大气，所以家长要引导孩子不要见啥要啥，但该买要买，不能小里小气。每一件产品都有它的价值，光图便宜是不够的，买东西就买对的东西，买物超所值的东西。

（3）社会环境干预——清理校园周边商铺，联系社区维护消费环境。

创造儿童成长的良好环境。加强对书籍、报刊、影视作品及文化娱乐场所的管理，让儿童多接触健康有益的事物。联系社区，加强对校园周边的小店、摊贩的食品卫生监督管理，严禁"三无"产品和引诱学生"赌博"的商品出现，共同维护好孩子们的消费环境。

通过家庭、学校、社会的三方合力，积极引导学生在生活中树立正确的金钱观、健康的消费观、科学的理财观；改善学生在学校生活中不理性花钱现象，不良消费行为；为学生的终身发展打基础，强化适合学生发展科学理财意识，有利于学生感悟生活中的智慧，受用终生；进一步引导和规范学生行为，进一步提升校园多元文化品位，让学校德育工作呈现新特点。

将课堂延伸课外，让品德携手生活

刘佩林，本科学历，小教一级。曾荣获庐阳区教坛新星、教学能手称号；曾被评为庐阳区第一、二届骨干教师；多篇论文获全国、省特等奖。

陶行知先生曾说过"生活即教育"。新课程理念也倡导品德教学回归生活，强调以儿童现实生活为课程基础。在品德教学中我们要特别关注儿童正在进行中的现实生活，做到有实效性、针对性。

一、将学生的现实生活引进课程资源

教材不是教学的唯一资源，学生的生活世界、直接经验、感知体验都是课堂教学的重要资源。《品德与社会课程标准（2011年版）》在教学建议中提出了"丰富学生的生活经验""充实教学内容"和"拓展教学空间"的要求，也就是在教学过程中要克服脱离儿童生活实际、说教式的教育方式。在品德教学中，我们尽力做到把学科教学内容与学生丰富多彩的现实生活联系起来。

如教学《家长关爱我成长》一课时：课前，先把班上一名学生婴儿时、幼儿园时、小学时的三张照片做成课件，再布置学生准备一些小时候使用过的物品以及与爸爸妈妈之间难忘的故事。课堂上，展示三张照片，请照片中的学生谈谈成长中的感受，让鲜活的生活现实与教科书结合成一体，引出了教学主题。再让学生在小组中分别介绍自己小时候使用过的物品，并讲一讲有关的故事。印象最深的是，有一位学生带了大大小小十多双手套，都是他妈妈一针一线勾出来的，妈妈的爱感动了学生的心。从一个个真实的故事中，学生体会到父母在养育子女过程中所付出的艰辛，从而让他们在心中油然升起对家长的爱。

真实生活在课堂中的重现，让学生的情感与课堂之间建立起一种"互相进入"的通道，形成了"你中有我，我中有你"的关系。从而使学生能在情绪上受到感染，情感上产生共鸣，从而拨动了学生的心弦，引发学生的体验，感恩父母。

二、教学方式生活化

儿童是学习的主体，学生的品德形成和社会性发展，可以在各种活动中实现。

1.引导学生通过角色扮演与文本对话。

课本剧的角色扮演旨在引导学生与文本进行对话，让学生融入文本之中，让文本中的情境形象直观地呈现在学生面前，唤起他们已有的经验和体验，并根据自己的认识水平参与辨析。

如教学《寸金难买寸光阴》，在"快！快！不能快点吗"这一环节，让学生根据教材中提供的几个事例，结合平时的实际进行演出。这些事例有很大一部分是班上学生真实生活的写照，表演起来入情入境，对学生的触动较大。这样的角色扮演，不仅使学生在与文本对话中获得体验，而且还为师生、生生对话搭建了舞台。表演之后，学生对"时间是宝贵的，要珍惜时间"有了进一步的认识和感悟。

2.引进日常生活事件中的角色扮演，进行价值引导。

引进日常生活事件中的角色扮演，旨在让学生阅读文本，加上学生已有的经验，再现生活中的某个行为片断，让学生产生身临其境之感。更重要的是情境中总是蕴涵着十分丰富的行为思想方面的信息，可供他们观察、体验、探究，从而得出自身的价值判断。

如教学《我要向你学习》，在"什么是真正的取长补短"环节，可让学生凭借文本范例和各自的生活经验，进行小组讨论，设计一些场景，再在组内分工合作进行角色扮演，然后全班展示。在展示过程中，教师随机进行价值引导，诸如：谁有过这样的体验，这是真正的取长补短吗，说说理由。学生通过观察、倾听、评价，感悟到真正的取长补短应该是大家一起进步，一起提高的过程。诸如：相互利用、武力征服他人的行为都是不可取的，进一步提高了学生分辨是非的能力。

3.引导学生进行"模拟"生活。

学生品德形成是一个长期的、复杂的、渐进的过程。在教学中，必须在立足课堂的基础上，引导学生进行"模拟"生活，让品德从生活中来，又回到生活中去，拓展教学时空。

如教学《遵守交通规则》，可以在校园内模拟人行横道和红绿灯的场景，让学生"真实"地体验应该如何遵守交通规则，怎样才是真正遵守交通规则的行为。

三、将课堂延伸至生活

在教学活动中，我们要善于连接课堂内的生活与课堂外的生活，教学应从课堂生活拓展到儿童的学校、家庭和社会生活，最大限度地、立体地整合各种教育资源。要让学生积极地参与社会实践，体验社会生活，并通过活动不断丰富和发展自己的生活经验。

如教学《保护环境》在课前调查中，学生发现学校附近的板桥河污染特别严重：河两岸的村民都把垃圾倒在河沿上；河水中不时可看到正在腐烂的动物尸体；河水呈暗黑色，散发着臭味……要改变这些现状，靠我们的孩子是力所不能及的。怎样才能让学生所掌握的观点不是纸上谈兵呢？学校联合社居委有关人员，开展了"碧水"行动。带领学生再次实地考察，掌握第一手资料，探寻导致河流污染的各种原因；征集提高水质的方案，并设计出实施方案。同学们设计出各种方案：有在河边设置宣传窗；有一起合作写了倡议书；有建议在河两边设立公共垃圾回收站的……正是在这富含生活性的情境引导下，学生才能形成正确的价值观。

在教学中，教师要树立一种"教学即生活"和"生活即教学"的观念，既要让教学走进儿童的生活，又要让生活走进成长中的儿童。通过教学，把儿童与其真实的社会生活紧密联系起来，有意识地把儿童带回到真实生活中去，去观察、感受、体验、分析、反思他们的生活，使品德教学能更加贴近儿童的生活，体现回归生活，实现品德教育的生活化。

以社会实践活动为载体，
培养小学生公民环保意识

朱清萍，高级教师，合肥市红星路小学党支部书记、校长，中共党员，本科学历，安徽教育学会教育实验专业委员会理事、合肥市第七届和第八届青年联合会委员、合肥市少先队工作学会主任。先后荣获全国课题先进个人、合肥市优秀教育工作者、合肥市首届骨干教师、合肥市德育先进个人、合肥市优秀辅导员、庐阳区优秀教育工作者庐阳区优秀执行校长、庐阳区优秀教师、庐阳区优秀党员、庐阳区首届教坛新星、庐阳区青年岗位能手、庐阳区课改先进个人等多项殊荣。

全球变暖、水体污染、物种减少、土地沙化等环境危机正困扰着人类，已威胁到人类继续生存和发展的可能性。环境危机是由于人类在缺乏环境整体意识情况下，对环境的无序社会行为作用的结果。问题的根本解决，关键在于人们公民环保意识的普及和提高。而环保意识是不能自发形成的，它具有鲜明的后天获得性特征，需要依赖外在的文化传承和社会教育功能的实施才能实现。2003年11月，教育部正式颁发的《中小学环境教育实施指南试行》中提到："环境教育是学校教育的重要组成部分，在引导学生全面看待环境问题，培养他们的社会责任感和解决实际问题的能力，提高环境素养等方面有着不可替代的作用。"

在这样的背景下，合肥市红星路小学申报了《以社会实践活动为载体，培养小学生公民环保意识的研究》，并层层推进，逐步展开。希望通过课题的研究，通过开展保护环境的社会实践活动，使学生熟悉环境保护的常识，掌握基本的技能，并能综合运用所学的知识解决环保中的一些问题，自觉地从身边小事开始，关注周围、社区、国家乃至世界的环境问题，最终养成良好的公民环保意识。

实施该研究以来，通过开展各类社会实践活动，全体师生人人懂得分类投放垃圾、节电、节水，减少环境污染，爱护动植物，减少噪音污染，等等。人人都积极做着力所能及的环境保护工作。全体学生已初步养成环境保护意识，学生们看到楼道走廊的灯没熄，自觉地把它熄灭；不随便丢垃圾，一张纸用到不能用为止；看到水龙头没关能够主动关好；主动宣传环境保护知识，诸如此类的环境保护行为例子在我校举不胜举，学生的公民环保意识明显增强了。我们在实践中主要采取了以下三种策略。

一、学校、家庭、社区相结合是必要手段

自课题研究以来，我们坚持学校、家庭、社会相结合的原则，密切与家长的联系，邀请家长参与我们的环保活动；密切与社区的联系，开辟社区教育基地，构建了开放式的环保教育网络，收效较好。

（1）通过长期的环保教育的熏陶，孩子们不仅把好的环保习惯带回家中，还把自己学到的环保知识向父母宣传，帮助父母改正一些不良行为。孩子们在家里能够劝父母多养花养草；注意节约用电、用水；当家长看电视声音过大时，能劝父母把声音调小；劝父母少用洗洁剂，少用一次性用品，不用含氟冰箱，不乱扔废旧电池等。

（2）在课余时间，孩子们还能够通过调查研究、分析比较，给政府、社区有关部门提出建议。如：五年级（2）班的王同学，对学校周边的噪音做了调查后，进行归类分析，把了解到的情况及治理建议写成提案，交给学校附近地区的施工队。学校附近施工队在接到孩子们的提案后，深感内疚，把中午加班时间改了，上班时间内还尽量把机器音量调整到最低限度。

（3）组织学生上街宣传，积极参与社区及市、区组织的各种环保活动，利用双休日，开展雏鹰假日小队活动等。把我们的环保理念带向社区，引起

大家对环境问题的重视。

二、开展丰富多彩的社会实践环保体验活动

学校积极开展丰富多彩的社会实践环保体验活动，可以直接增加学生的直观感受，丰富其情感体验，促进其环保情感意识的获得和技能、经验的增长。如植树节，组织学生开展"植物挂牌认养"活动；世界无烟日，开展"珍惜生命、健康长寿"活动；双休日、节假日，组织"志愿者清扫"活动；组织学生参观植物园、博物馆、科技馆；组织学生开展废品回收活动；等等。这些活动使孩子们"动"起来，在手脑并用中增长了见识和才干。

学生们还充分利用课余时间，到图书馆、社区搜寻环境素材，根据小队、中队自定的课题，背上笔记本、照相机、录音机到社区、同学家里进行调查研究、采访交流等活动，认真地把收集到的资料进行分类整理，然后和老师、家长一起研究、评价，最终得出自己的结论。在这个过程中学会获取知识，掌握研究问题的方法，培养创新意识和实践能力，使他们真正成为环境的主人。

例如，四年级（4）班吴老师以班级为单位，指导学生开展以"节水，我们在行动"为主题的社会实践活动。通过小组合作采用收集资料、采访调查、听专家讲座、节水小发明、科学小品等多种形式探究如何节约用水、科学用水，培养学生探究问题的实践能力。引导同学们在调查、创新的过程中知道生活中水污染、水浪费是多么严重，水资源是多么匮乏，明白珍惜身边的每一滴水的重要，培养学生树立珍惜自然资源，合理利用自然资源的意识。

再比如：根据调查，原先有很多学生家中废弃电池是丢弃的，垃圾不是分类处理的，为了让家长、学生了解废电池的危害，三年级（4）班组织学生走进社区进行废纸、废电池的回收活动。同学们出宣传小报在向居民宣传废电池的危害性的同时，还在社区门口放置了废电池回收桶，同学们还给居民们分发了有关"废电池回收"及"垃圾分类处理好处多"的宣传单。

学生对环境的态度上形成了相应的义务感和责任感，环保意识大大增强。在每一次校内、校外的环保活动中，学生都热情高涨。

三、培养学生自我管理，自我反思的能力

六年级（4）班的李同学活泼开朗、乐于助人，但是由于从小娇生惯养，养成了乱扔垃圾的不良习惯。针对这个学生的特点，教师设计了这样一封信：你是一个乐于助人，关心班集体的孩子，老师喜欢看见你乐于为班集体服务，也喜欢你在运动场上拼搏为班集体争光的身影。老师曾为你取得的成绩而骄傲，更坚信在今后的日子里，你会继续为班集体争光，让老师少担心。今天，老师遇到了难题，不知道谁把废纸乱扔，弄脏了教室，污染了环境。这件事发生在我们班里，你也一定很生气吧。你有什么想法呢？我也为这位乱扔垃圾的同学难过。孔老师希望得到你的帮助，你能帮助老师出谋划策，制止这种现象吗？

长期以来，我们举着"批评后能改正"的尺子，造就了一批"知错能改"的"好学生"。但谁曾想过，他们是真正改正了错误，还是为了得到老师的表扬。老子曾说过："知其白，守其黑，为天下式。"利用一封小小的信，给学生一个下台阶的机会，同时，也留一片空白给学生，相信学生有自我管理，自我反思的能力。

通过以上种种途径，逐渐形成了学生环境保护的道德意识，培养了学生作为社会公民应有的正确的环境伦理观和社会责任感，达到了预期目标。

乡镇小学如何构建
学校、家庭、社区德育立体网络

阮丽娟，女，出生于1982年7月，本科学历，中共党员，小学高级教师，合肥市骨干教师，2002年03月参加工作，现任跃进小学大队辅导员。曾多次荣获区级未成年人思想道德工作先进个人，德育工作先进个人；2016年被评为合肥市德育工作先进个人。在全国第五届SMART交互式电子白板教学应用大赛教学课评比中获三等奖。

一、一次突发性事件

那天坐公交车的时候，有一个年轻女孩说自己的手机被偷了，要求司机停车等待警察来处理。这时候整个车厢的人群沸腾了，有的人说，你等警察来有什么用啊，小偷偷了你的东西怎么还会在车上呢，说不定是在你上车的时候被偷的，小偷根本就没有上车；有的人说，警察来处理还要一个过程，怎么能为你一个人耽误了我们这么多人的时间呢？也有热心的乘客说，用我的手机打一下你的手机吧，也许能找到，或许是落在办公室了。就在大家议论纷纷的时候，坐在我身边的一个小女孩问："爸爸，那个姐姐的手机被小偷偷去啦？小偷真坏！""怪谁呢？怪她自己太笨！"真没想到在这样的场合，作为一位父亲竟然会说出这样的一句话，不去谴责那个小偷的卑劣行径也就罢了，反而落井下石，去奚落那位受害者。殊不知你在教育孩子提高自我保护意识的同时，也抹杀了孩子的正义感和同情心！

这件事情看来很小，可是它反映出来的问题却值得我们深思：对待同样一件事情，人们的态度为何差别这么大？当社会乃至家庭的教育与学校的教育相脱节，甚至相背离的时候，作为一名基础教育者，我们该做些什么呢？

二、乡镇小学在德育方面面临的问题

德育是教育永恒的主题，德育工作的成败，从大的方面来说，决定着一个民族、一个国家未来的兴衰，从小的方面来说，关系到千万个家庭的未来。可是受应试和应赛教育的不良影响，导致了人们对德育工作的忽视，使学校、家庭、社区三方面德育工作的作用力出现了不平衡现象。

（一）为了德育而德育，漠视了学生内心的真实情感

在我们的思想品德课、周晨会、家访等教育活动中，常听到班主任或其他老师对学生说"不许做危险的游戏""要爱父母"、"你很聪明，就是……"之类的话语。每周的德育课或一两次谈话都变成了"批判会"！教师、家长的目的是想提醒学生对自己的行为负责，这种想法是无可非议的，但这种近乎直白的做法在一定程度上容易让一部分学生产生逆反心理，反而使德育工作陷入僵局。造成这种现象，一方面是历史的原因，在农村中有个别教育工作者由于文化层次不高，忽视了学生的内在感受和体验等，把自己的感受和观念强加在他们身上，有意或无意地要求学生根据自己的想法去做。另一方面，我们在现实的教育中无视了学生个体的独特性，忽视了学生思想道德和个性品质的形成是有一定规律的，是呈动态发展的，从而做了许多违背小学生认知规律和成长规律的事情，极大地抑制了个性的张扬。

（二）农村家庭的隔代教育现象

我校处于城乡结合部，大部分学生出身于农村家庭，有不少学生家长外出打工，孩子的学习、生活，只有依靠爷爷奶奶来照顾了。老一辈人饱经沧桑，有着丰富的经验、阅历，在某些方面的确有助于"留守儿童"的健康成

长；但他们的思想大部分不能与时俱进，其思想的滞后性无疑也影响了这部分学生。

（三）评价的机械、单一，导致出现了"知、情、意、行"的不协调。

首先，传统的操行评价具有一元化和单向性的特点，评价的权威是教师，评价是自上而下，单向的。其次，评价具有主观性，往往只局限于教师、家长亲眼看到、亲耳听到的学生某一两次的突出表现，且就是凭这么一两次而"一锤定音"，极少有人认为这只是学生德育素质整体表现的一小部分剪影，是僵化的，片面的。再次，我们对学生的评价视线常集中在事情的表象上，没有透过这一表象洞悉学生的心里，解决事情的症结。最后，不少教师、家长、社区教育工作者的评价方式只是一种训斥，甚至极少数人使用了"暴力"；更有甚者只重智不重德，对学生德性表现的评价弃之不顾等。由此促成了部分学生"作秀"，易造成"知、情、意、行"不协调发展，这是德育工作最大的失败。

（四）教育的不合力，使学生德育的表现具有多面性

除了上述原因促使学生德育"作秀"外，教育的不合力，更容易造成学生德育表现出多面性。一方面教师、家长、社区教育工作者由于各种原因缺少沟通，往往不能和谐愉快地合作，使三方教育的"作用力"失衡。学生作为受力者往往无所适从，于是就见什么人说什么话、做什么事，产生了表现"多面性"的现象。另一方面，由于社会环境复杂，社会人员素质的良莠不齐，极少数人特别是家长"言行不一致"的言传身教，也给学生带来了很大的负面影响。

三、走出具有自己特色的德育之路

知识经济的出现，使人类社会的生活、生产比以往更加依赖于知识的发展和应用。因此，教育的目的也发生了相应的变化，不是培养应试的天才，而是造就适应社会的可持续发展的人。目前的教育工作是在一个社会化的大环境中进行的，这就意味着学校从上到下都要转变旧有的单一学校教育观念，形成学校、家庭、社会三结合大环境网络教育观念，在此基础上制订教

育的目标、要求，促成教育合力的形成。如何充分发挥学校德育在家庭、社区德育中的主导作用，形成学校、家庭、社区德育作用力的最优化，走出具有自己特色的德育之路呢？

（一）立足于学校的主体作用

由于学校是少年儿童成长和发展的主要场所，在教育合力的形成中起到的是一个指向和引导作用。因此，要充分发挥教育的合力作用，首先要搞好学校建设。

1.激活学校德育工作机制。

我们借鉴其他兄弟学校经验，结合我校实际，完善管理制度，确定建立以教导处主管，少先队大队部具体负责，各科教研组、班队为实施载体的网络德育机制。我校让老师以身作则，制订了《合肥市跃进小学教师管理条例》《合肥市跃进小学教师考勤制度》，相应建立了《合肥市跃进小学学生教育管理条例》，明确了学生的行为规范和学习纪律要求。我校坚持开展"先进班（队）"和"卫生循环小红旗"评比活动，培养学生热爱学校、热爱集体的高尚情操，塑造学生文明有礼，遵纪守法的良好品行，提出"在家做个好孩子，在校做个好学生，在外做个好公民"的行为准则。

2.开展丰富多彩的校园文化活动。

一是正常开展常规性的校园文化活动，为学生搭建自由交流的平台。红领巾广播站节目、宣传廊、班级板报、手抄小报、各兴趣小组小报等。二是定期开展传统的校园文化活动，为学生创造多个成功的起点。学校每年秋季召开体育运动会，学生以班为单位组合成参赛小队；每年"六一"期间开展文艺汇演活动，元旦开展联欢活动等。三是各班队根据自身实际情况开展文化活动，如开展"才艺展示""故事大王比赛"等活动。通过开展丰富多彩的活动，让学生在活动中学到知识、增长见识、陶冶性情，发展了学生多方面的能力，收到良好教育效果。

（二）奠定家庭教育的基础作用

家庭是少年儿童成长和发展的重要场所，家庭环境塑造学生的基本性格，只有家庭与学校教育达成一致，学校教育才能有好效果，我们具体采取了两大措施：

1.办好家长学校，切实搞好家教指导工作。

为了推广科学的教育方法，我校开办了家长学校，教家长如何注重自身良好的修养，帮助家长创设良好的家庭环境；邀请校外教育专家，如合肥教育学院的江老师，英豪教育集团的朱老师来我校开展讲座，帮助家长解决在教育子女，与子女沟通之中出现的实际问题；帮助家长订阅家教指导丛书，让家长自主阅读家庭教育书刊；还开展"两人三腿"赛跑等亲子活动，让学生、家长共同参与，加深彼此的了解，促进彼此的感情，等等。每年度我们根据考核的综合成绩表彰一批优秀家长、模范家长，促进家长提高教育水平。

2.制订家校联系制度，双管齐下促进学生健康成长。

每学期班主任和授课教师至少上门家访学生一次，后进生随时与家长保持联系，较好地杜绝了学生不良情况的发生。除了定期电话家访、面对面家访等措施之外，每学期定期召开家长会，表扬先进的学生，请他们的家长介绍教育子女的经验；指出后进学生存在的问题，共同寻求解决的办法；向家长说明我们在教育教学方面的想法和做法，争取家长的理解和支持。同时，我们还征求家长对我们工作的建议和意见。实践证明，家庭、学校内外结合，加强互相理解与合作，能够形成一个良性的教育循环网络，促进学生身心健康发展。

（三）加大与社会的互动，发挥社会教育的补充作用

学校本身就存在与社会之中，它的教育对象也是生活在社会中的人。因此，随着社会的发展，学校与社会的接触越来越紧密，要达到最佳教育效果，必然要重视社会力量在教育合力中起到的作用。

1.充分挖掘社区教育资源，加强与社区的互助。

我校所处高桥、龙王、照山等几个社区中心，有着丰富的社区教育资源。我们邀请了武警部队、消防部队、社区居民委员会等单位相关人员组成了校外辅导员队伍，并组织家长、学生、教师、社区干部共同参与了"我与长辈比童年""社区是我家"等暑期社会实践活动，通过访、谈、写、讲、演等系列举措，让学生耳闻目睹，切身体验。我们还积极配合社区的各项活动，如组织学生开展敬老活动，去福利院慰问老人；组织学生观看爱国主义影片、反邪教宣传图片展等。正是在参与社区活动的实践中，孩子们有充分的与人交往、深度交流的机会，孩子们的文化修养和道德水平得到了锤炼与

提高。

2.与兄弟学校开展联谊活动。

我校与红星路小学是共同体学校，两校之间经常开展系列联谊活动。一方面，培养学生互敬互爱的传统美德；另一方面，开阔了视野，丰富了阅历。在少年足球的交流活动中，我校运动员们热情高涨，团结协作，取得了很好的成绩。

从我校的实际来看，只有根据自身特点构建学校与家庭、社会德育的立体网络，使之形成一股教育合力，才能抓好学生的身体、心理素质教育，促进学生的健康成长。

走进有声有色的教材世界

凌晓赟

"精读教材，创造性地使用教材，挖掘有效的教育资源"这些已经成为我们每一个老师不断探究和追求的东西。打开我们的教材，你会发现教材中的文字有限,出示的场景画面有限,但可以延伸的空间无限,这也就要求我们教师应善于引导学生,从现实中去采集更多的素材为本课的中心服务,让学生在谈谈,说说,做做中,得到潜移默化的教育!很喜欢听品德研究课，每当看到学生开开心心，积极踊跃的出现在品德课堂时，我们无不为之欣慰。是啊，我们的课堂不再是照本宣科的读书了，甚至可以说我们的老师已经"超越"教材了，对于教材要么蜻蜓点水地用一用，要么干脆不看教材完成了该课的教学。这不禁让我产生了疑惑，我们还需要我们的教材吗？

再次打开课本，呈现在我眼前的是一幅幅灵动的图画，他们吸引着我的眼球，仿佛急于要和每一个看见他的人对话。我们的课堂真的能统统抛弃它们吗？其实，我们的品德教材在呈现方式上已经发生了很大的变化，文字并不占主导地位，大量的情境图画成为了知识呈现的一种重要方式，他们可以说是不可或缺的视觉符号，我想如果我们合理的使用了这些情境图，那么又何尝不是挖掘了有效的教学资源呢？那么这些便利地、有效的资源该怎么用呢？我们在实践中摸索着……

一、 让图片引领水到渠成的感受

曾经上过一节课，可能因为准备不够充分，当我让孩子们给大家介绍一下自己的家时，教室里出现了冷场的情况。说实在的，这是我没有想到的，孩子们每天的生活都围绕着学校和家，怎么会没什么好说的呢？

翻开课本，看见教材中有许多家庭生活的情境图：有一家人一起打扫卫生；一家三口去看爷爷；一起做游戏、看文艺节目等温馨的场景；也有偶尔闹点小矛盾的不愉快场景；更有一家人为生病的家人着急的场景……这些不正是将孩子们生活中的一些家庭场景展示出来了吗？于是，我让孩子们看教材中的这些情境图，边看边回忆自己的家庭生活，将图中自己家里常出现的场景打上钩；将自己最渴望的家庭生活场景画下来，以此来敦促他们仔细观察，认真思考。这些情境图很快将打开孩子们的记忆之窗，引发他们深情地回忆自家的故事。这时，再让他们交流各自家庭的故事，将水到渠成。我想，我们其实大课不必费尽心思去创设情境，当孩子们看到书上那一幅幅亲切的画面时，往往就不需要什么华丽的辞藻了。我们只要静静的倾听就可以感受得出家庭的温暖了。

我们教材中的情境图其实是具体可感的，开放的，并且留给了学生很大的想象空间，可以激活学生的感受，从而为我们教学的实施打下了一个很好的基础。为此，我们不能让学生在教师设定的道德情境中，被动地接收图片所传达的信息，也不能从情境中概括出一个道德观念和道德标准让学生被动地接受，而应该让学生在学习情境图的过程中充分地感受，真诚地体会，从而实现道德观念的建构。

二、摒弃看图说话，在真实的生活中"读图"

品德教材呈现的是一种儿童文化，上面的图画、符号都富有童心、童趣，反映了儿童的生活世界，在我们的课堂中，出现的应该是教师、学生和情境图的对话，而非简单的看图说话。

我想作为一名品德老师，在我们的课堂中，可能会出现这样的情况：当我们请孩子看书上图片时，孩子们可能被打动，当你请他说说自己的看法时，学生到也畅所欲言，但是你会发现，有些时候，孩子们会被教材影响，思路不够开阔，只是就图论图，思维被局限住。这就需要教师适时地引导，帮助联系自己的生活，打开记忆的大门，并且通过目标性明确的活动去帮助孩子真正地读懂情境图所要给我们表达的含义。儿童的生活才是课程的基础，所以，我们要让儿童在生活中去"读图"。

三、创造性地使用情境图

品德教材中充满了生机和活力的情境图给我们的教学带来了新的气象，我们读图感受，我们读图对话。然而，我们是否就是通过让学生在课堂上充分地讨论图，交流图中的事例、人物来达到我们的教学目的呢？

我们大家都知道，这些图片只不过是范本，如果我们原封不动地照搬，那么，我们的教学就将脱离学生的实际，从而使教学失去活力，道德也就变成了死板的教条。这当然不是我们所需要的。

教学是对教材的再创造，我们在教学设计时必须要结合儿童的现实生活，根据不同的环境、不同地区、不同的学情，对教材中的情境图做出相应的再加工、再创造，使情境图中的生活情景与学生生活融为一体，从而由静态转化为动态，使我们的课堂充满了生命力。

五年级教材中有"我们都是中华儿女"的单元，教材中的图片所呈现的内容与学生的生活有一定的距离。例如，说说自己的民族，各具特色的民族风情，多彩的民族节日，各具特色的体育运动……面对这么多的内容，如果我们照本宣科的看图，那么对于孩子们来说必定不会有什么实效，甚至还会使孩子们对我们的课堂缺乏热情。其实，对于这些生活中少见的东西，孩子们往往更感兴趣。我想我们恰恰就可以利用这一点。让孩子们亲身感受其中的一些情境图中的画面，体会我们多民族的特点以及那些丰富多彩的民族活动，针对大家都感兴趣的民族风情，我们可以去查找资料，交流互动。这样，我们的教材中的图片就更加鲜活了，在我们利用这些图片的过程中，还培养了学生多方面的能力，真是一举多得啊。

有人说教师是裁缝，也有人说教师是一名设计师，我想这无非都告诉我们，作为一名品德教师，我们应当巧用教材，即不被教材所束缚，又不能完全抛开不用，要让教材中丰富的情境图成为凝聚孩子们思想和情感，体现孩子们创造性地作品集。

品德教学要源于生活，更要服务于生活

金晓敏

从事品德教学多年，越来越深刻地感受到"品德教学要源于生活，更要服务于生活"这一理念的重要与必要。

记得多年前，曾经在课堂教学中设计了一个自认为特完美的教学活动。为了引导孩子们正确地认识观看电视的积极作用，初步具备科学、合理地收看电视节目的能力。课前，我颇费心思地设计了"说电视，话收获"、"诉烦恼，谈方法"和"我的收视指南"这三个层层递进的教学活动，将教学活动一步步由明理过渡到导行。反复研究着自己的活动设计，我是自信满满。为了让活动和学生生活紧密联系，我在网络上疯狂地搜索各大电视台在一天内的节目时间表，并认真筛选，精心制作了一份从早上6点到晚上11点，整整17个小时的节目单。同时我还特意在每个节目的后面注明了电视台的名称，并要求家长对学生制订的收视指南提出建议、对他们的执行情况给予评价。如此看来，这项活动在内容上考虑周全，在形式上也易于学生操作，一定具有实效性。然而就是这个让我自认为定会成为亮点，定能取得良好效果的活动设计却不约而同地受到了专家们的质疑。他们的质疑都聚焦在活动的有效性上：（1）教师制作的节目单是否符合学生生活实际，学生在进行活动时是否能引发有效思考；（2）学生在制订了收视指南后是否能将其运用到生活中，也就是是否能有效指导生活。

静静聆听了专家们的分析、点评后，我茅塞顿开。突然间认识到原先被自己视为点睛之笔的活动设计却成了败笔。虽然专家们充分肯定了这个活动的必要性，但是一番思索之后，我深刻地意识到，自己所设计的这个活动虽然煞费苦心，学生可在生活中操作，要求家长参与，但其实质远远脱离了学生的实际生活。首先在电视内容的选择上，我依据自己的喜好、意愿为孩子们选择了众多的电视节目，而这许多的节目有几成是孩子们平日里会收看的呢？让孩子们面对自己不看或极少收看的节目进行活动，怎会调动他们已有的生活经验对自己的生活加以反思呢？其次，活动结束后，难道要让孩子们为了学会科学、合理地收看电视，而去刻板地根据收视指南在生活中实战演习一回吗？如果是这样，又怎会对他们的生活有实实在在的指导意义呢？此刻想来，这一活动的设计恰如杜威所说："准备生活的唯一途径就是进行社会生活，离开了任何直接的社会需要和动机，离开了任何现存的社会情景，要培养对社会有益和有用的习惯，是不折不扣地在岸上通过做动作教儿童游泳。"是的，只有源于儿童实际生活的教学活动才能引发他们内心而非表面的、真实而非虚假的情感体验，才能引发他们对生活的审视。试想，如果给我一次重来的机会，我一定会这样设计活动；（1）要求学生在平时留意收看的电视节目的内容和时间，制作反映其生活实际的收视指南；（2）在活动进入导行环节时，让学生展示自己的收视指南，并说说收看这些节目的理由；（3）其他学生则借助在活动中所了解到的科学、合理地收看电视的知识，提出意见，并给予合理的建议；（4）学生依据大家的意见和建议修改自己的收视指南，并在实际生活中进行尝试。这样的设计，在内容上源于学生的生活实际，学生有真实的生活体验，容易产生共鸣，引发思考，使活动具有有效性；在形式上，学生在活动中发现实际生活中的问题并依据所学考虑问题，用多种知识、途径来解决生活中的实际问题，真正将所学服务于生活，进而一定程度上改变生活方式，提升生活品质，对生活也有着有效的指导作用。

一次活动设计引发了我的深刻思考，一次深刻思考让我感受到了"品德教学要源于生活，更要服务于生活"这一理念的重要与必要。

关注现实，有效活动，引领成长

何　炜

在热热闹闹的新课程改革过程中，活动教学渐渐成为小学课堂的主要形式。然而，许多教师为了追求课堂的活动性，精心设计多彩的活动，对形式考虑再三，却忽略了有效性。课堂活动很热闹，却无法体现对学生情感、态度、价值观的培养要求，忽视学生的生活经验，脱离学生实际；出现了为了活动而活动的现象。以下是"我们的生活需要谁"这个主题的两个课例。

课例 A

师：同学们，咱们干净整洁的教室环境是谁给我们创造出来的？（出示值日生正在值日的照片）

师：在我们的生活中有许多这样的人，他们使我们的生活变得方便、美好。（出示课件：各行各业的劳动者辛勤工作的图片或录像，同时配以歌曲《越来越好》）

师：如果没有他们，我们的生活会变成什么样呢？

请小记者（由学生扮演）上台出示一幅脏乱的社区场景图，引导同学们理解环保员的工作意义。接下来，启发学生想象：假如没有司机、警察……我们的生活会发生什么变化？

体验活动：分小组在模拟社区的医院、商店、饭店、蔬菜摊、公交车站、理发室内扮演角色，进行"社区里的一天"模拟体验活动。

体验活动后，交流感受。（大多数学生感受到各行各业劳动者工作的艰辛，还有一部分学生却抱怨体验活动中，自己未受到工作人员的礼遇，声讨工作者的失误。例如：有人在询问菜的价格时，由于人太多，摊主未能及时告知，甚至于问了多遍仍不予理睬；再如，理发师表演性质的修剪，让顾客感觉自己的头发被胡乱地抓了几把，没有造型，让自己很丢脸；等等。教师为维持课堂秩序，连忙请"工作者"向"顾客"道歉）

教师总结板书：人人为我，我为人人，共同创造美好的生活。

在这节课例中，最典型的活动就是"体验活动"了。学生有秩序地活动起来，教室里显得热闹非凡。锅碗瓢勺的碰撞声、汽车喇叭声及报站名的声音、菜市场里买卖吆喝声、理发室里剪刀梳子咔嚓声、孩子们兴奋的交流声等，交织在一起。如此开放的课堂，再加上一张张天真、灿烂的笑颜，无不让我们感受到课堂活动的生命色彩。

然而，冷静地分析一下本节课的主题，我们不难发现，活动的意义已发生转移。尤其是体验后的交流，孩子们的回答令我们深思：为什么他们不更多地发现劳动者的工作意义，为什么不更深地感激各行各业劳动者为我们付出的艰辛，反而，处处以"被服务者"的身份，寻求自己的权力呢？更遗憾的是，教师一味地迁就学生的真实感受，竟然让本节课我们要赞颂的工作者向服务对象做出诚挚的道歉，似乎这节课已变成维护消费者权益的内容。以至于最后教师总结的那句话中，"人人为我"变成了课堂的中心任务，而"我为人人"的含义压根就销声匿迹了。此时，再回首课题："我们的生活需要谁"，我们不禁哑然失笑。

课例B

师：同学们，课前我请大家观察自己一天的生活，调查"我们的生活需要谁"（贴课题），请把调查表拿出来，在小组里把自己的调查结果说给同学听。（学生在小组里交流）

师：谁愿意把调查结果讲给大家听？（请介绍的同学上台，把调查表用投影仪展示给大家看，教师随机贴或写出学生发现的行业名称。在学生列举社会生活事实的基础上，教师应适当帮助学生归类，使学生对社会各行业有一个总体认识）

师：大胆想象"假如没有……我们的生活会发生怎样的变化"。（引导学生结合自己的调查或亲身经历，谈谈如果缺少了某些行业人员的服务，会发生哪些变化，从而进一步体会到各行各业劳动者的工作意义，心存感激地尊重这些劳动者）

体验活动："我做小小送报员"。

师：咱们家家户户都订阅了许多报纸、杂志，每天清晨或傍晚，送报员就准时将报纸、杂志准确无误地送到各家各户的邮箱里。今天，咱们也来做一名小小送报员，将全校同学订阅的杂志准确无误地送到各个班级，好吗？（将学校大队部"分发杂志"的任务，按杂志种类有序分配给班级同学，请他们按全校各班级订阅量进行分发，体验"小小送报员"的艰辛和快乐）

体验活动后，交流感受。（学生纷纷表达自己工作的繁忙和疲倦，杂志品种那么多、量那么大，爬楼梯、下楼梯，反反复复，很辛苦。教师抓住契机，引导学生理解"送报员"乃至各行各业工作者的辛勤劳动，激发学生尊重、感激之情）

教师总结板书：人人为我，我为人人，共同创造美好的生活。

经过反思，这节课的活动分为课前调查和亲身体验两个层次。前者，力求让学生通过自己的亲身经历和小调查，发现与自己生活息息相关的行业以及工作人员的具体劳动。引导学生结合自己的生活经验，思考在我们的生活中为我们服务的人给我们的生活带来了怎样的方便。学生通过自己的经历，实实在在地感受到自己的生活需要各种行业人的服务。后者，重点体验"送报员"工作，让全班学生处于劳动者的身份，通过分发杂志的繁杂和疲劳，切身感受这一工作的艰辛和给予别人快乐的意义。从而，以一概全，引导、激发学生尊重和感激各行各业劳动者的情感。

诚然，"活动性"的确是本学科最值得把握的一大特点。因为，活动是教和学共同的中介。如果教师在设计活动之前，首先明确本节课的教学要求，认真分析活动所达到的目的，然后开始着手设计，活动的针对性会大大增强。设计完工之后，若能仔细推敲活动的细节和漏洞，站在学生的角度去推测活动结果，对设计做进一步地修改，那么，我们设计的活动就不会让我们手忙脚乱，让学生误入"歧途"了。

主动·互动·行动

刘昌梅

现代教育要以人的发展为本。那么，在品德课的教学中如何体现这一教学思想呢？

当代西方活动教育理论集大成者、美国教育家杜威认为：知识与活动不可分离，知行统一，欲知必行。他提出"做中学"，主张通过儿童充分自主的活动丰富经验，通过经验促进发展。瑞士著名心理学家皮亚杰也认为：儿童思维的特点决定了获得知识要多动手、多实践操作。可见，儿童的道德发展是在积极参与的多样化的实践活动中实现的，所以课堂教学应增加活动性。

一、课前活动变学生被动接受为主动学习

现行教材内容多以故事为载体教育学生，有些故事距离学生生活实际较远，自然激不起学生学习的欲望。所以我认为课前开展一些与课文相关的活动，可以调动学生学习的主动性、积极性,同时帮助学生积累了比较丰富的感性材料。课堂教学中教师再联系这些材料进行点拨，学生易于接受，易于理解，变被动接受为主动学习。

在教学《遵守交通规则》一课时，恰逢交警到我校进行交通安全宣传。交警叔叔用血淋淋的现实让同学吸取教训，并引导学生识别交通标志。一时间，全班掀起了一股学习交通安全热。那么再学这一课，自然学生学得有趣，教师教得轻松。再如教《珍惜时间》一课，课前我把学生分成五组，设计了写字、做口算题、折纸飞机、画画、跳绳五项活动，让每个组挑选一项任务。然后在一分钟内分别去做，并进行大组汇报，让学生在活动中体验一分钟可以做多少事情。接下来的课文学习自然是水到渠成了。

通过课前活动，学生在实践中自己教育自己，为他们主动、积极接受课堂讲授的知识，逐步形成良好的行为习惯，打下了一定的思想基础。

二、课堂活动促进师生之间、生生之间交流互动

品德课的教学不是让儿童静听、静观、静思，而应是师生之间、生生之间交流互动。教师是教学活动的组织者、合作者和引路人，学生则是活动的主体，在积极参与的学习活动中，主动去体验道德情感，感悟和内化道德认识，实现道德行为。

在试教《团结力量大》一课时，上课伊始，我便播放了精彩的动画片《小兔拔萝卜》，留下问题，让学生帮助小兔想出拔萝卜的办法。最后，师生共同模拟表演小兔拔出大萝卜的生活情境，通过师生表演、观察，直观地说明了人多力量大的道理，并为后面的学习营造了一种轻松民主的氛围。接着设计《搬风琴》演示活动：先由两个人搬，后由四个人搬，再让学生朝四个不同方向搬。学生在观察、操作、讨论的过程中，懂得了团结力量的道理，同时顺理成章的揭示了课题。接下来我又引导学生故事《折筷子教子》,并让学生亲自动手折筷子，使学生进一步认识团结力量大的重要性。最后我设计的一场拔河比赛，不仅使学生悟出了，人多不一定力量大，只有人多心齐力量才大，才能取胜的道理，而且也提高了学生的辨析能力，澄清了学生的模糊认识，突破教学难点，使道理观点得到及时升华。

本节课我设计了这一系列活动贯穿于整个教学全过程，使教学如行云流水，自然流畅。这样通过师生、生生之间的交流互动，使学生明白道理，寓教于乐，提高了德育实效。

三、课后实践活动变学生"激动"为"行动"

在品德教学活动化过程中，学生的主体性在活动中生成、发展，学生的素质在活动中逐步提高。但课堂毕竟是一个有限的空间，学生道德品质的形成，道德行为的提高，并不是一刻一时、一朝一夕就可以完成的。课堂活动对学生的明理导行起着指导作用，而课外实践则对学生的道德行为、道德品质起着巩固发展作用，变学生的"激动"为"行动"。

在教学《保护珍贵动物》一课之后，我组织学生到林业局参观访问，了解我国、我省的珍贵动物的生存现状，安排学生暗访野味馆，留意菜市不法商贩，让学生深切感受到保护珍贵动物的迫切性，从而促使他们自觉行动起来，并与不法行为作斗争。

根据品德课的教学特点和少先队活动的特点，可把二者有机地结合起来开展实践活动。如在学习《遵守交通规则》一课之后，我中队便和学校大队部一起开展了《做个小小宣传员》的活动，让学生在校内、家里做一些宣传活动。在实践活动中我中队学生不仅个个遵守交通规则，而且还告诫家人要遵守交通规则。

实践证明，在品德课后，根据课堂教学效果，组织学生开展多彩的活动，既可以巩固课堂教学效果，又能丰富学生的课余生活，同时，也有效地提高了学生的道德素质。

活动教学强调的是学生自主学习，直接体验和个性养成，为学生的全面发展提供了一个更加多样化的舞台，也为实现和完善学校的养成教育提供了一条新的、切实可行的途径。这种教学形式适应时代需求，应大力提倡！

留白的课堂

葛卫玲

"谁能上来给同学们指一指采集在图片中的什么地方？"阿冠跃跃欲试，自信满满地走上讲台，只见他指着图片中的一只蝴蝶。顿时坐在座位上的学生们喊了起来："错了！错了！"更有着急得恨不能立刻冲上来帮助他改正。图中那个拿着网子捕捉蝴蝶的小女孩不是在采集吗？多么明显啊，难道连这个他都看不出来吗？看他刚才兴高采烈走上讲台的样子不像啊？又耽误时间了，还剩下不少教学内容呢？我心里又急又担心，差一点就脱口而出："不对！你再找找？"可是这是一节对全校教师的教研课，不能轻易说不对，再忍忍吧！压抑住着急的心情转而换成："为什么指这里呢？""蝴蝶在采集花粉啊！"阿冠胸有成竹地回答道，许多孩子也恍然大悟似地直点头。真是太棒的回答了，在大人的眼中只看到人类对动物的行为，却忽略了动物们自身的辛勤劳动。我差一点就把一个能提醒学生细致观察，能提升他们课堂思考能力的答案扼杀在摇篮里了！

课后同事们都对这次课堂生成大加赞赏，我也暗自庆幸当时多问了一句"为什么"，帮助学生们发现精彩。四十分钟的一节课，作为老师的我们为了完成一节课的教学目标，就像在不停地赶路。于是课堂上老师不断地在讲课、不断地让学生练习，学生回答问题，听到和自己想要的答案一致就进入了下一个环节，和自己的答案不一样就换一位学生，几乎没有停下来休息的时间。可是我们忘了，留白的课堂，正是让学生成长的课堂。正应了一句话"慢慢走，欣赏啊，风景就在你的身边"。

学习安全知识时，为了让学生了解如何安全乘坐电梯，我顺便向孩子们介绍了一下经常所见电梯的种类，如观光电梯、手扶电梯、厢式电梯。这边刚说完，那边小娴睁大眼睛好奇地问道："老师，你从哪知道这么多知识啊？"被表扬的我立刻说道："从书上，还有从生活中观察啊！""老师，我有一本书，也介绍了许多电梯，还有图片，我还知道不同电梯有不同的标志！"一个孩子接口道。"老师，老师，我认识这些标志，我也从书上看到过。""老师，我和爸爸妈妈去商场，他们指给我看过各种标志。""我也看过，我也看过"，他们争先恐后地回答着。看着学生们对标志的学习热情，我顺势抛出一个问题："那你们在什么地方看见过标志，知道各种标志的作用吗？"声音渐渐小了下来。零星的几个同学举起了手，"不知道没关系，这是我们下节课的内容。想想刚才老师的话，谁能告诉大家，不知道的问题怎么办呢？""可以像老师一样从书中学习。""还可以问爸爸妈妈！""可以从生活中学习！"听到这些回答，孩子们的脸上都露出了自信的笑容。在留白的课堂里，用看似闲聊的方式，帮助他们学会思考、学会倾听，从老师及同伴身上学习方法，解决问题，真好！

给学生们说了个《老鼠嫁女儿》的故事：一对年迈的老鼠夫妇要为闺女找一个最好最强大的婆家。他们找到太阳，但太阳说黑云可以遮住自己；向黑云求婚，黑云回答，只需要一丝微风，就可以让他"云消雾散"；找到风，风说一堵墙就制服了他；找到墙，墙看到他们，露出恐惧的神色。老鼠夫妇俩面面相觑，我们老鼠又怕谁呢？对了！自古以来老鼠怕猫！于是，老鼠夫妇找到了花猫，坚持要将女儿嫁给花猫。花猫哈哈大笑，满口答应了下来。在迎娶的那天，老鼠们用最隆重的仪式送最美丽的女儿出嫁。意想不到的事情发生了，花猫从背后窜出，一口吃掉了自己的新娘。听完故事，孩子们都哈哈大笑起来，有的说老鼠太笨了，送女儿给猫吃，有的说怎么能嫁给自己的敌人呢。这时，"小机灵"小菲站起来说："老鼠不爱自己的女儿吗？"多么有哲学深度的一个问题啊，虽然后半句没说，但是她的意思学生们都懂了，为什么把女儿嫁给敌人，让敌人伤害她？ "小能豆"小薇站起来说："老鼠当然爱自己的女儿。每一对父母都是最爱自己的孩子的，老鼠夫妻也是一样的。所以他们想找最强大的人来保护自己的女儿。""保护"这个词用得真准确，一下子让孩子们都明白了。顺着孩子们的话，我抛出了一个问题他们应该把女儿嫁给谁呢？刚才安静的课堂一下子又热闹了起来，很多孩子都高声说，"嫁给自己的同类才最幸福。不追求强大的对方，最幸福就是嫁给同类。"小小的故事，在留白的课堂里，孩子们慢慢悟出了自己的理解，真好！

"地铁就是在地下跑的铁路车。我们合肥也在修地铁，再过一两年我们在合肥也能坐到地铁了。""啪"一声脆脆的掌声随即响起，刹那间"啪啪啪啪"更多的掌声也跟着响起来了。孩子们对自己城市的热爱就在这么不经意间流露了出来，多纯真的孩子啊！在留白的课堂里，孩子们的感情自然而然地得到了升华，这种真情流露，真好！

　　在留白的课堂里，孩子们慢慢有了自己的发现，自己的感悟，流露出真实的情感，许多好的变化体现着孩子们的成长。花开是需要静心等待的，我尽情享受着这一留白的过程。

活动教学就是这么生动

何　炜

道德寓于生活的方方面面，没有能与生活分离的"纯道德生活"。品德的形成源于学生对生活的体验、认识和感悟，只有源于实际生活的教育活动才能引发学生内心的而非表面的、真实的而非虚假的道德情感、道德体验和道德认知。学生只有通过自身的生活体验，才能学会生活，体验道德的意义和价值。

这让我想起了一则熟悉的广告：

怎样的牙膏才能真正保护我们的牙齿？老师用两片含钙的贝壳代替我们的牙齿，为其中一片的表面涂上了含氟牙膏，然后将两片贝壳都放进酸性液体中浸泡，最后取出贝壳，分别用小锤敲打。显然，表面涂上了含氟牙膏的贝壳仍然坚硬，而另一片却禁不住敲打而碎了。

多么生动的一幕啊！它成功地让无数观众由衷地信服含氟牙膏的作用，仅仅是做了一场小实验而已。那么，品德教育中为何不能借用这般妙招呢？亲眼看一看，亲手做一做，亲自试一试，亲身体验一下，想一想，说一说。这不就是我们常说的活动教育嘛！

活动的方式可多样化，分别适用于不同的课型、内容。常用的有：讨论交流、游戏反思、讲故事、多媒体欣赏、参观访问、收集资料、现场调查、情景模拟或角色扮演、可操作性小实验、肌体训练等。学生在一个开放的环境里学习，通过感知、体验来主动探索，获得对事物的真实感受，在活动中亲身体验，在学习中积累知识或经验，形成正确的价值判断和行为习惯，激发其创造热情和创造能力。

一、每一种草都是一种花，每一种花都是一种草

为引导学生"自信地生活"，我设计了《认识花与草的关系》的活动。为了在活动时有所侧重，活动前教师做好个体调查，询问学生："你希望自己是

花还是草"。许多孩子选中了花，认为小草仅仅是花的陪衬，只有花才能赢得众人的夸赞，才能做主角，潇洒地傲立在枝头。教师再试探性地个别调查"你觉得自己是更像花，还是更像草。"许多孩子觉得自己更像是不知名的小草，没有什么好成绩，总觉得自己离成功太遥远。

接着，激发学生认识花和草的兴趣，指导他们通过各种途径了解花草的知识。有了这些知识的准备，就可以带孩子们投向大自然的怀抱，尽情享受来自天然的阳光，带着课外查找的图片等资料，愉快地认识各种小草，了解它们的生长特点和植物特性。孩子们看到了蒲公英，知道蒲公英虽是一种小草，也是会开花的，它的花朵金黄金黄的，到了秋天，会结满降落伞似的白色小绒球；知道了麦田里的荠荠草也是会开花的，它的花洁白洁白的，有米粒那么大，像颗颗晶莹的小珍珠；还有许多不知名的小草，也开着星星点点的小花儿；就连狗尾巴草也是会开花的，它那狗尾巴似的绿穗穗就是它的花朵。

这时，置身于纯自然的氛围里，教师进行耐心地引导，像对待荷叶上的露珠一样，小心翼翼地保护孩子的心灵，保护那股子纯真与好奇，用爱的激情引发学生探索的欲望。孩子们终于明白，原来每一种草都可以拥有开花的梦想，都可以品尝到开花的甜蜜。大家在清新的空气中，纷纷表达自己小小的愿望，就像是那并不知名的小草，充满自信、充满生机，对今后的学习生活充满期待和感激。即便是自卑、失望已久的孩子，也燃起奋进的火花。

没有一种草不是花，而每一种花也是一种草。这样的活动，正是在一种自然的生活本位里，激励每一位学生找到自我，学会自信乐观地生活，并且懂得自重。

二、对一次性木筷说不

学习从生活中来，再到生活中去。在延伸"环保"主题的德育活动中，我设计了《我身边的绿色》活动，激发学生从自己的生活出发，从小现象看大问题。孩子们交上来的作业创意五花八门。其中，关于"一次性木筷"的问题成了焦点。于是，我以此为契机，组织全体同学参与了此项环保创新活动。孩子们通过调查取证，了解到生活区经常使用一次性木筷；通过上网查找资料，了解到中国是一次性木筷的生产大国；还通过参观省气象局，了解到目前由于乱砍滥伐，造成的全球气候变异；等等。

总之，小小的一次性木筷却暴露出很大的环保问题。孩子们倡议，我们要对一次性木筷说不，让自己和身边的人相信，拒绝小小的木筷能挽救一片森林。并结合当时各大学、商家组织的"一次性木筷换竹筷"活动，选派队员参加倡议活动，撑起一棵由一次性木筷扎成的大树。望着由千万双木筷扎成的大树，在场的所有人都受到了极大的震撼，为曾经倒下的葱郁的森林而痛惜。这样真实的教育活动，不仅锻炼了孩子们思考、分析及判断的能力，更重要的是在孩子们的心灵深处留下了烙印——环保应从我做起，从小事做起呀！

三、小实验亮出大问题

至今还记得《节约用水》那一课中生动的实验。

课前，我就布置了这样的作业：如果一个水龙头不拧紧，一直在滴水，那么，一分钟、一小时分别能滴多少水？用塑料瓶分别装好，并贴上小标签，带到课堂上。做完实验后，想想从中受到的启发。

课堂上，我们由一幅图（图上画着一男孩正在拧紧滴水的水龙头）展开了讨论：一滴水能有多少啊？为什么他要这么做呢？学生凭借课前的试验结论，回答道：一滴水是没有多少，但积少成多。扫视全班学生的桌上，各自摆放着的那些高高矮矮、盛满水的试验瓶，我灵机一动，随即问大家："把小实验变成大实验，好不好？"学生更感兴趣了，都争先恐后地问怎么做。我有意卖了关子："你们已经知道一个水龙头一分钟、一小时能滴多少水了，那么，一个水龙头十个小时能滴多少水呢？"很快，一个男生举起了手："十个同学一小时接的水，就是十个小时滴的水！"

多好的主意啊！我立刻摆上一个大水槽，请上十个小朋友，将他们一个小时接的水分别倒进大水槽里。在倒水过程中，学生脸上的表情越来越惊异，还不时地发出感叹："这么多啊！"我立即延伸：这是一个水龙头十个小时滴的水，据有关资料报道，如果有十个水龙头不拧紧，一天就能滴掉一吨水。这一吨水能用来做什么呢？（课件演示）可炼钢40千克，可发电100度，可织布200米，可生产化肥500公斤……

当学生都沉浸在对这巨大而复杂的数字的感慨中时，我以情载理："可不能小看这一点一滴的浪费啊！想一想，如果我们每个人能节约一吨水，那么，全国13亿人口能节约多少吨水呢？"学生认真而严肃地回答："13亿吨水！"我引导学生再进行大胆的假设："这13亿吨水如果仅供我们合肥市近130万人民使用，可以用多长时间呢？"学生开始猜测，我把握好时机说出了一个很遥远的数字——400年。教室里顿时沸腾起来，惊呼声一片。学生们睁大了眼睛，议论纷纷，叽叽喳喳地宣扬内心的激动："时间太长了！真是积少成多啊！节约水要从节约每一滴水做起啊！我要讲给爸爸妈妈听，让他们也来节约水！人多力量大，会节约更多的水的！"孩子们兴奋的眼里闪烁着智慧的光芒！

课后，在孩子们的提议下，我们将做试验用的水都合理地使用：有的用来滋润校园里的花草；有的用来搓洗抹布，清洁教室；还有的盛在讲台前的脸盆里，供大家洗手。总之，每一滴水都小心地使用，因为这都凝结着孩子们美好的心愿。

现在回想起来，孩子们收集的水在课堂上汇集的那一瞬间，展现给他们的视觉冲击真的是巨大的，是深远的。

四、我也当回"母亲"

在教学"爱爸爸、爱妈妈"的篇章时，我设计了一次有趣的课间游戏：孩子们将书包背在胸前（模拟妈妈怀宝宝时的艰辛），比赛跑步运水。最终，若手中的水杯里剩的水最多，就算是赢了。孩子们的兴致可浓了。他们小心翼翼、略显笨拙地奔跑，且伴随着爽朗的笑声。合肥电视台"七彩路"节目组还进行了全程拍摄！活动结束，孩子们开心的笑颜里，除了飞溅的水珠润湿的一片晶莹，还有充满感激的明亮的双眸。

为了能让孩子更深地体会父母亲的艰辛，我还设计了"双休日换位"活动。孩子和自己的爸爸妈妈在这一天里来个角色互换，由孩子承担起家长原有的家庭重任，如买菜、做饭、打扫卫生等。孩子们在活动心得中写道："我第一次当家，才知道当家的难啊！""爸爸妈妈为我做了这么多，而我……"家长也颇有兴趣地写上随笔，纷纷表示这样的活动太好了，看着自己的孩子手忙脚乱的样子，天真、稚嫩的活动感悟，他们由衷地感到欣慰。这样的活动，也大大增强了品德课堂教学的实效性。

寓教育于活动，让教育回归生活。如此生动的课堂，学生怎能不喜欢？学生在轻松、愉悦、自由的氛围中，学会客观地认识自我和外部世界，学会爱父母，爱朋友，爱山、爱水，爱世间美好的万物，爱一切生命，形成健康向上的人格，促进其道德的内化，从而积极地生活，负责任、有爱心地生活，动脑筋、有创意地生活。而这一切的一切，不正是我们当教师最美好、最真挚的愿望吗？

在生活中发展，在发展中生活

刘昌梅

亚里士多德曾把道德分为心智和德性两个方面：心智方面的道德以知识为基础，是可以教授的；而德性方面的习惯，却是不能教授的，只能在生活中形成。所以杜威认为："教育即生活"，"离开了参与社会生活，学校就没有道德的目标，也没有什么目的"。这就是说，道德存在于人的整个生活中，不会有脱离生活的道德。人们不是为了道德而道德，而是为了生活而改善、提升社会的道德，培养发展个体的道德。同样，道德也寓于儿童生活的方方面面，儿童的社会道德和个体品德的形成、提高和发展也只有通过他们的生活去改变。因此学校教育应遵循儿童生活的逻辑，以儿童的现实生活为课程内容的主要源泉，以密切联系儿童生活的主题活动或游戏为载体，以正确的价值观引导儿童在生活中发展，在发展中生活。

一、在教材与儿童生活之间建立一种内在的、有机的联系

教材是课程和教学的一种主要资源，最终目的是发展儿童的生活和生活中的儿童。因此，课堂教学应该是教师带着教材走向儿童的生活和生活中的儿童的过程，成为教师引导儿童从教材通向生活的中介和桥梁。教材中出现的一系列"生活事件""生活主题"或"生活场景"，大多是一些"美好的生活图景"，而不是或者说大多数不是原汁原味的生活场景。所以，在教材的"美好生活图景"与儿童的真实生活之间，应该建立起一种"相互进入"的通道，最终引导儿童进入自己真实的生活世界，对自己的真实生活进行有意的观察、感受、体验、分析、反思；同时，这个过程也是用美好生活的目标去引导和提升儿童的生活、使儿童的生活变得更加有意义、更加美好的过程。

例如，在教学《拉拉手，好朋友》这一课时，教材里讲的是编者设计的"某个儿童"学校集体生活，在教学时，教师不是一味去讲述"教材里的儿童"的集体生活，而是创设活动情境，引导儿童在参与了游戏活动后来讲

述、交流自己的新伙伴、新老师，讲述在集体活动、集体生活中的开心事等，帮助儿童养成喜爱同学、乐于和同学、老师交往的情感，体验作为集体生活中一员的快乐。总之，要注意通过儿童的真实生活"激活"教材中的生活，使教材中的生活与儿童的真实生活建立一种联结，从而在教材与儿童真实生活中开辟一条通道。

二、重视儿童的已有的生活经验

儿童品德的形成源于他们对生活的感受、认知、体验和感悟，课堂中的儿童已经积累了很多生活经验，因此，教学要从了解儿童已有的生活经验和他们对生活的感受、认识、体验和感悟开始，注意已有生活经验与教学内容的联系，充分发挥已有生活经验在教学中的作用。

例如，在《我从哪里来》一课的教学中，每个儿童事先都有成长的经历和体验，教师首先应该了解儿童成长过程中的感受和体验，并让儿童的这种成长经历、生活体验变成教学中的重要资源，使课堂教学成为儿童交流已有生活体验的过程，成为深化、提升成长体验、引导儿童感受到生命的来之不易，感受到父母养育自己的不容易，从而从心底里萌发热爱父母、珍爱生命的情感。

三、引导儿童以主体的身份关注、实践和创造自己的生活

对于儿童来说，只有他自己的生活才是对他有意义的、真正的生活；对于品德教学来说，只有引导儿童关注和实践他自己的生活，才会成为有意义的教学，只有引导儿童学习和学会创造他自己的生活，才会成为有效的教学。因此，在品德教学中，应引导儿童以主体的身份实践他自己的生活，成为他自己生活的实践者、观察者、反思者、体验者和创造者，而不是别人生活的旁观者、评论者、模仿者。

例如，教学《冬爷爷在哪里》这一活动时，我首先带领学生亲自到大自然中寻找冬天，感受冬天独特的美，把学生的目光引到课本以外的生活世界

中去。其次，通过学生亲自体验冬天、观察冬天，让学生了解冬天虽然冷，但是白皑皑的雪、亮晶晶的冰，构成了银装素裹的世界，冬天也是个美妙的季节，使学生真正感受到在大自然中的乐趣。最后，通过学生自己的寻找、观察、感受体验到的冬天再发展学生的想象力、创造力引导学生用自己喜欢的方式去和冬天玩。在玩中，学生真正感受到冬天带给他们的快乐，感受到大自然的美，因此，内心深处就有了一种想去保护大自然的意识。

四、综合教学中的生活与课堂外的生活

课堂生活只是儿童整体生活的一个部分，课堂和学校里的资源也只是课程和教育资源的一个部分。在品德教育中，从某种意义上讲，校外的事情比校内的事情更重要，所谓"生活即教学"以及人们常说的"社会即学校"讲的就是这个意思。因此，品德教学应从课堂生活拓展到学校、家庭和社会生活，最大限度地、立体地整合各种教育资源，使学校、家庭、社会都成为品德教育的场所；使游戏、电视和网络，使教师、家长、公众以及儿童自己，使儿童的全部生活和儿童生活周围中的一切事、所有人都成为教育资源和教育者。

例如教学《皮诺曹的鼻子》这一课，教师在教学前应该做个有心人，了解、搜集发生在学生身上或者发生在学生家庭的关于"诚实"的正反事件，教学时让学生关注这些发生在家长或发生在自己身上的，似乎"没什么大不了"的事情，并引导学生对这些事件进行思考、辨析、判断，初步认识到怎样做才是诚实，帮助学生从小事抓手不说谎话的好习惯。教师更要将这一品德教育拓展到校外，让家长成为你的教育同盟，让孩子在家庭、社会的生活中继续得到品德教育与熏陶。

乐动手，促动脑

葛卫玲

在义务教育《品德与生活课程标准（2011年版）》中明确地提出了"动手动脑、有创意地生活"，这比旧版的课程标准增加了"动手"的要求。因为低年级儿童动手能力的发展是其创造性发展的重要途径；这样既强调动脑也强调动手，有利于培养儿童手脑并用，进一步突出本课程活动性、实践性的特质。

著名心理学家皮亚杰说："儿童的思维是从动作开始的，切断动作与思维的联系，思维就不能得到发展。"小学生正处于由具体形象思维向抽象逻辑思维过渡阶段，特别是低年级学段，通过动手的实践操作，更能使所学知识"内化"为儿童脑里的智力活动，为养成积极探究的习惯夯实了基础。在低年级的品德教学中，为了实现"动手"这个目标，从而促进学生的动脑思考，初步培养探究的习惯，可以从以下方面来进行活动设计。

一、创设环境，激发动手兴趣

一年级的孩子对学校是好奇的，学校的很多事物对他们都是新鲜的。在刚入学的品德课堂上，教师可以因地制宜创造很多环境，让学习仿佛游戏，在情景中体验学习，感受学习与生活的相关性。教师可以充分调动孩子们的眼、手来认识新校园。例如：在教学《我背上了新书包》一课中，在带学生实地参观校园里与学生生活联系紧密的设施，如操场、图书室、卫生间、宣传栏之后，还可以让学生动手摸一摸，亲身感受一下。在图书室借书、还书，感受书的魅力；在卫生间拧紧水龙头，初步培养节约用水的意识；摸一摸教室的墙和课桌椅，感受幼儿园的环境；等等。学生在学中玩，玩中学。但学生也会出现不积极参与的现象，主要原因是动作迟缓或出现错误。教师应以鼓励为主，正确评价，指出不足，给每个同学一个独立的空间，让他们自由发展。

二、设立目标，训练动手能力

在学生动起来的过程中，教师并不是无目的地让学生动手，而是应该有目的、有步骤地按计划的进行。通过动手引导学生感受要掌握的知识，通过对比加深对抽象知识的理解。在《我自己会整理》这一课时，可以设计把铅笔和橡皮、直尺等文具与书、作业本等书籍混在一起，让学生动手找一找，再把它们分开放，让学生再找一找。比一比两组哪组用的时间短，从而区分出文具要和书本等分开放，才方便保存和使用。在此基础上，还可以开展"根据课表整理书包"的活动。在整理好的基础上，还可以在全班再开展，比一比"找一本书谁用的时间短"的活动，让孩子能感觉到，会整理可以给我们的生活带来很多便利，以此初步培养孩子养成我要学会整理的意识。

在实践中学习，在学习中成长，在教师的引导下，学会动手动脑，激发学生学习的积极性，培养学生正确理解知识的运用知识的能力。在引导学生动手时，教师不能为了追求教学效果一味要求学生按照自己的思路去模仿，限制学生创造性思维的发展，应激励学生用多种不同的途径和方法解决问题。如：谁还有不一样的方法吗？有没有更方便一些的方法呢？

三、运用知识，提高动手能力

在教学中，学生进行了具体的动手活动之后，教师应适时进行小结，帮助学生把平面的形象化为无形的思想，再联系生活实际，用它来指导我们的行动。如果仅停留在动手活动上，不能转化为学生的情感与态度，很难养成好的行为与习惯，也就不会有提高。例如：学习《祖国妈妈在我心中》一课时，在动手画一画，贴一贴国旗之后，让学生想一想我们经常在哪里见到国旗。学生会说"每个星期一学校的升旗仪式"。在此基础上，可以在教室里模拟升国旗活动，具体指导学生演练升国旗时应有的规范姿势。由此引申，为什么我们要在升国旗时"敬礼""肃立"呢？还有什么时候，我们也要"敬礼""肃立"呢？教师要给学生留下一定的思考空间，让学生在动脑提升后，形成对已有现象的初步发现和探究。

四、内外联手，形成动手能力

《品德与生活》是面向儿童的，有创造性的课程。儿童是在真实的生活世界中感受、体验、领悟并得到各方面发展的。所以不能只局限于课堂上的教学，而应努力把课内活动延伸到课外，组织具有激发学生求知欲望的游戏、资料收集、参观访问、采访调查等课外活动，为学生创造动手的契机。如：在《过新年》这一单元教学时，可以让学生用课前搜集的照片或图画向大家介绍自己过去在家中或幼儿园时是怎样庆祝新年的。向家长调查了解自己家吃年夜饭时，常常准备哪些饭菜，为什么。收集以往自己和家人收到的贺卡，自己利用废旧材料制作贺卡、书签等，写上表示新年祝福的话，送给自己想送的人。

动手能力是人生极为重要的一种能力。动手和动脑是互相促进，相辅相成的，只有同步发展才能达到心灵手巧的境界。从低年级就开始有意识地培养学生的动手能力，在教学中处理好传授知识和培养能力的关系，注重培养学生的独立性和自主性，这样才能使每个学生终身受益。

探寻"品德"的魅力，
做一名幸福的德育教师

凌晓赟

开学初在班级内开展了一项小调查：你最喜欢的课程是什么？能说说原因吗？孩子们的回答不尽相同，可是却让我清楚地意识到：孩子们喜欢《品德与生活》，究其原因，我想正是因为我们品德学科的课程特点，它的生活性，它的活动性，它的生成性。是啊，曾经有人说："道德教育是最有魅力的教育"。那么我们的品德学科就是那最有魅力的学科。这样充满魅力的课堂让我们热爱，更让我们不断思考和探索……

一、魅力的教材，灵动地开发

打开我们的教材，你会看到最吸引孩子的文字和图片，更重要的是这样的教材，我们可以充分开发、利用校内外的各种课程资源，打破教材本身的局限。也可以补充相关的资料，也可以围绕教材关键词，将课文的相关内容进行了有机地整合。对我们品德学科的老师来说，这何尝不是一种享受呢？那就让我们和孩子们一起去探寻生活，一起在生活中成长。

执教人教版一年级教材的《我们的国庆节》一课时，课本中给我们介绍了我国国庆节，我们的开国大典，孩子们对咱们的开国大典很感兴趣，可是大家并不了解。于是，我和孩子们一起搜集资料，一起咨询家长，文字和视频资料让大家对我们的国家，我们的国庆节有了更多的了解，孩子们的爱国热情也越来越高涨。是啊，让我们针对学生的年龄特点，搜集相关的视频、图片、文字资料，进行相关的链接，适当进行教材的补白，实现教材的灵动开发，努力让我们的教材更具魅力。

二、魅力的课堂，精彩地生成

品德课程的实施具有开放性的特点，它是现实的、不断生成的活的课程。可以说，我们在教学中生成的问题是学生最真实的思想体现，问题生成时就是道德教育的最佳契机。因而，当我们的课堂涌现精彩的生成，我们可以用教学智慧加以引领，品德课程的魅力就会不断飞扬。

在教学人教版四年级教材《伸出爱的手》时，为了让孩子们更好的体验残疾人生活中的困难，于是，我让两个孩子蒙上眼睛来了一段情境体验，没想到参与的孩子笑声不断，表演同学的笨拙行动也引来其他学生的嬉笑。孩子们关注的是表演同学的动作，而忽略了残疾人真实存在的困难。于是，放开准备好的说辞。我和孩子们一起真正做了回盲人，我们感受到周围的黑暗，也感受到了自己的迷茫。其后，我们邀请了一位残疾人叔叔，对他的采访使我们真正感到了残疾人生活中真正存在的困难，可以说进行了一次真正的心灵对话。

我们的品德课堂就应尊重学生的真实需求，关注课堂中的争议、疑惑与问题，真诚地为学生的发展服务，为学生的生命成长服务，让我们的品德课程的魅力自由飞扬。

三、魅力的活动，真切地体验

我们品德学科课程的呈现形式是儿童直接参与的主题活动、游戏和其他实践活动，可以说学生的品德形成与社会性发展是在各种活动中通过自身与外界的相互作用来实现的。活动是我们品德教学的重要载体，我们可以设计一个个有意义的体验活动，来彰显学科的魅力。

在教学人教版一年级教材《我自己会整理》时，根据学生的特点，我给学生请来一位好朋友——一本破损不堪的语文书，组织孩子给书"治病"，使孩子们认识到这是因为我们没有保管好书本，不会整理书包的原因造成的。接着，我们又一起给书"找家"，希望孩子学会整理东西。最后，我们全班总动员，一起来整理我们的家。在孩子们忙得不亦乐乎的时候，我们看到了劳动的成果，更感受到了劳动的乐趣。

让学生全员参与角色体验活动，让他们产生情感共鸣，使品德的形成真正源于自己的现实生活，从而引发他们内心而非表面的道德情感。我们可以让学生多角度、全方位、立体化地去感受，让学生的体验更完整、更深刻、更有实效性。为学生良好品德形成，奠定了坚实的基础。只有这样的教学才能使品德课堂彰显魅力。

四、魅力的评价，快乐地引领

走进品德课堂，你会发现我们的学科更重视评价主体的多源、多向的价值。包括教师评价、学生自评、伙伴评价、师生互动评价、家长评价等，尤其要重视自我评价的价值。实行师生互动式的评价，注重老师与学生评价的有机结合，是一种双向互动活动，能更多地发挥学生评价的主体作用。也更能让学生感受到快乐，感受到人文的关怀。例如，人教版二年级教材《我棒你也棒》一课，"了不起的我"环节，我们来了个小记者在行动，让家长说说心中的我，朋友眼中的我，老师眼中的我，同桌眼中的我……孩子们感受到了不一样的我，也在不同的评价中感受到了自信，感受到了快乐，更感受到了成长。

五、魅力的学科，开放的空间

学生喜欢品德课，我想更重要的是我们给孩子提供了更开放式的学习空间。这种开放，可以是学习时空的开放，可以是学习内容的开放，也可以是学习方式的开放等等。例如，在教学人教版二年级教材《秋天的收获》，我们来到超市寻找秋天的水果，在互联网上看到了农民伯伯收获的场面，还来到小花园开一个小小丰收会。孩子们感受到了劳动人民的艰辛，也体会到了收获的快乐，大家开心极了。

在教学中，我们根据学习内容的需要，打破了课时，课堂及课程的壁垒，通过多种渠道、采用多种形式组织学生参与这种开放式学习。我们拓展了学习的空间，在社会中探究，在生活中成长。我想这样的空间，这样的开放，也正是我们品德学科的魅力所在，也是我们每一位品德老师需要好好把握的地方。

正是因为拥有这么多的魅力，才让我们清楚地意识到做一名品德学科的老师是幸福的，因为他享有的是人世间最美好的、最善良的情感！让我们共同努力把这门最有魅力的课程建设好！

探寻"品德"的魅力，做一名幸福的德育教师

你们都是最棒的

郑家勇

小学德育教学主要是关注孩子的品行养成教育。由于孩子的品行在小学阶段还处在形成期，所以在评价孩子的德育学习效果，要特别重视他们的品行在教学过程中的成长与进步，而不能以成人的价值标准对他们在教学过程中的品行进行定性评价。这也是小学德育学科有别于其他学科的显著特征之一。

而这，也是我在从事小学德育教学中得到的最"刻骨铭心"的收获。

那一年，我在参加一次课堂教学评比，教学活动就是围绕"我能行"的主题展开的。很显然，这是一个反映孩子意志品质的教学内容。品德课必然要通过一些现场的活动开展，以鲜活的场景，生动的活动过程，让孩子在活动中，既锻炼意志，又收获品行教育。

为此，我选取那段时间孩子们生活中，人们津津乐道的国庆阅兵式的图景，播放《我要飞得更高》这个激昂的乐曲作为活动的背景音乐，激发孩子们以解放军叔叔为榜样，在课堂上上演一场"踢正步站立"比赛。比赛的规则就是保持姿势，脚步不落地者胜。孩子们特别踊跃，我的心情也特别好。因为此类的评比课，在课堂教学的后半段，现场的气氛营造，孩子们的参与热情，能够让课堂进入高潮阶段，那是绝对的加分项。

为了照顾孩子们高涨的热情，我将全班分为8个小组，在每个组随机选取2位同学上台参加比赛。顿时，课堂前方黑压压地站了一排，每个同学都雄赳赳气昂昂的，就等我这个"总司令"一声令下了。

我安排好这一切，及时调动现场气氛，让每个组为本组同学加油打气。顿时场上场下气氛热烈。于是，我郑重地下达了"开始"命令。

场上的"小解放军"们，立刻踢出右腿，左臂端平在胸前，右臂成45°摆于右侧后下方，单腿直立，眼睛平视前方。那威武的样子，别提多帅了。加油声、呐喊声不绝于耳。孩子们完全没有之前的拘谨，个个都红着脸，攥紧拳头，为本队助威。我看着教室后座的评委老师，一个个也都饶有兴致地关注着场上的情形。

半分钟过去了，一分钟过去了……相继有部分同学因为右脚着地而落败。看来这个活动环节可以很快过去，我可以圆满完成任务了。

但是，很快我的如意算盘就落空了。在课堂上还有六七个学生，就是咬牙一直坚持着，眼看都要到4分钟了！尽管他们个个小脸通红，体力有些不支，但就是不愿放弃。我既对他们从心底感到敬佩，也为迟迟收不了场而焦灼万分。我的心里真不知道该怎样给现场的这些孩子们以劝慰，让他们既可以收获胜利的喜悦，又能尽快结束这场比赛。就这么又耗了一分钟，我赶紧上前，告诉他们比赛结束，大家都很棒。但是，孩子们脸上立刻露出疑惑和不满，因为他们没为此分出胜负来，有些沮丧。我脑门上不由地沁出汗来。

结果，大家自然知道，评委老师也对我的处理感到惋惜，认为没有达到预设的效果。那么，我的问题到底出现在哪里？我也是不明所以。

事后，我在查阅课程标准，以及与同行的交流中，才渐渐对此类活动开展的原则、方法及评价标准有了根本的转变。

首先，必须明晰品德学科的教学虽然是活动课程，但是在活动的开展过程中要渗透思想品德的教育。这个课程的本意，仍然是突出对学生思想品质的引导和提升。因此，在开展教学活动的设计及组织中，要与其他活动课程开展的目的性区别开来。回到本堂课中这个环节的设计。活动开展的目标虽然是落实对学生的意志品质的引导和提升，但是不能将活动的最终评价的标准落在胜负的争夺上。因为，这是品德课，关注的是孩子在活动中的品行培养和教育提升。因此，在教学的设计中，就要首先核实孩子在此项活动中，大多数孩子之前坚持时间为多少，设计时，可以拟定一个合适的目标时间，并且评价的标准由最终的个别孩子胜，改为目标时间内完成的积极评价，从而让每个孩子由争夺某项活动的"冠军"，转向在活动时间内，积极调整自己的心态和毅力，为完成任务而努力坚持，关注自己的意志品质的养成，从而落实品德课的教学目标，体现课程的特色。

以此来反思这堂课，教师在教学活动开展的过程中，要积极引导台上孩子站姿的调整，同时为他们的精彩表现加油，并对他们表现出来的意志品质进行及时的表扬和鼓励。

时至今日，我不禁想对那堂课上的孩子表达歉意。在这里，我要为那些参加活动的孩子竖起大拇指点一个赞：你们都是最棒的！

你要好好吃

葛卫玲

　　早晨，教室里书声琅琅，我正在惬意地聆听着一年级孩子们银铃般的童声。上课的铃声打断了孩子们的课前读书声，这时小琦气喘吁吁地跑进教室。"你怎么又迟到了？"一周内他已经是第二次迟到了。"葛老师，我看见他被校长罚站了！""葛老师，他早点没吃完，不给进校！""葛老师，我看见他早就来了！"孩子们像小麻雀般七嘴八舌地把自己知道的事告诉老师。为了不影响早读，我平息了孩子们的发言，让小琦也进了教室，课后再来了解原因。

　　下课了，我找到小琦，原来爸爸早早把他送到了学校，在路边的早点摊给他买了早点，让他吃完了再进校，正好今天校长值班。于是就把他拉到了一边了解情况，被孩子们误以为罚站了。课后，我找到班主任李老师准备和她说说这件事。还没等我开口，风风火火的李老师先说了："今天校长找我了，我们班小琦已经连续几天不在家吃饭，在外面吃早点了。上星期校长值班就看见了，这星期又发现了！怎么搞？这父母也真是的，天天给孩子在外面买吃的，对孩子也不好啊！我要和他的父母联系一下，看看到底是怎么回事！"

　　第二天早上我值班，在校门口我又看见了小琦拿着早点在路边，很快他吃完向学校走来了。我拦住了进校门的他，"小琦，今天早上吃的什么啊？""面包，火腿肠。""我看见你在马路边吃的，怎么没在家里吃呢？""家里的早饭不好吃，没有我喜欢的。"小琦一脸稚气地回答我。"那你喜欢吃什么呢？""我就喜欢外面早点摊卖的，烤肠、面包、鸡翅。所以我爸爸天天到早点摊给我买吃的。"早餐是三餐中最重要的一顿，早餐能大大提高学生的学习状态。早餐吃不好对健康损害非常大，容易产生消化道疾病、胆结石、胆固醇升高等，对于成长发育中的孩子来说，危害自然更大。品德课堂就是来源于生活，帮助孩子们解决生活中的实际问题的，于是我和孩子们一起学习了《我会好好吃》。

　　随着大屏幕上出现各种美食图片时，一年级的学生们可高兴了，在快乐的氛围中立刻进入到了本次课的主题"吃"。再让学生们交流平时都吃些什么时，一下子打开了他们的话匣子，每个学生都积极地参与其中，热情地分享自己最喜欢的食物和原因。

在课堂上，我设计了让孩子去自助餐厅选餐的活动，孩子们了解了食物的种类有主食、蔬菜、肉类、水果等；怎样才算好好地吃呢，不能太多，不能太少，适宜最好；为什么种类不能少呢，因为营养要均衡。通过老师细致地指导如何选择才叫吃好，接着让孩子们给自己选择一顿早餐，让他们把自己精心选择的早餐展示给同学看，并说说原因。再具体到可见的食物面前，帮助孩子从实际入手，再由此引入"早餐好、中餐饱、晚餐少"的理念，让孩子们自主选择其他两餐的食物；最后对自己的选择作出评价，看看有何要改进的地方，并以此指导生活中的吃饭习惯。

在课堂上我还特地让小琦把他的选择展示给大家看，小琦并没有选择自己喜欢的油炸食品，而是选择了鸡蛋、牛奶、面包、小西红柿的搭配，还美其名曰健康早餐，获得了同学们的表扬。课堂上学生们还把自己生活中遇到的问题，大胆地和大家交流，如：便秘、吃得过多。我们大人觉得难为情的地方，他们却能勇敢地与他人分享，期待着获得大家的帮助。学生没有因为他人遇到的问题发出笑声，而是用自己的经验去帮助别人。

学生认识的形成源于他们对生活的体验、认识和感悟，品德课更多的应该是通过活动、事例、对比，走入生活，由孩子身边的事，激发孩子内心的感情，让孩子通过内省来提高对问题的正确认识。课后我问小琦，"你现在会选择早餐了吗？"还想在外面买早点吗？他伸伸舌头，不好意思地笑了，告诉我，"回家要妈妈给他做健康早餐，只有早餐吃得好，才能长得健康。"

《品德与生活课程标准（2011年版）》指出："品德与生活课程是一门以小学低年级儿童的古语为基础，以培养品德良好品德与行为习惯、乐于探究、热爱生活的儿童为目标的活动型综合课程。"课堂生活是儿童生活体验的重要组成部分，也是师生共同体验生命历程的精神之旅。学生的头脑不是一个被填满的容器，而是需要被点燃的火把。火把点起，知识、心灵都被照亮了，还会指引他们向更远的地方进发。

风儿，吹呀吹

何　炜

风，的确是个有情趣的家伙，像个艺术家似的挥洒着四季，又像孩子一般和我们做游戏；有时跳跃在树梢欢呼，舞动生命的奇迹，有时却躲在乌云背后叹气，将黑色的心情渲染至极。我们慨叹他的创造力，同时，对神秘的他怀揣更多的好奇。

2008年5月13日上午，阳光明媚，暮春的风儿习习，在合肥市南门小学上城国际分校则"上演"了一场别开生面的"风"之聚会——庐阳区"挖掘教育资源，创设有效活动"新课改研讨活动，活动目的是加强教学研究的针对性，提高课堂活动的有效性。活动形式是同课异构。两位不同气质的老师，不同风格的教学设计，对教学资源的不同挖掘和把握，以及来自不同校园生活环境的学生，构成了两堂异样情趣的课。正如不一样的季候风，或热情洋溢地向我们匆匆袭来，或悄无声息地朝我们漫步而来，让我们眼前为之一亮，倍感欣喜。

尤其是到了"与风儿做游戏"室外实践活动时，我们和孩子们一起沐浴在阳光下的暮春之风里，看孩子们开心地和风儿戏耍，听课的我们都沉醉了，也情不自禁地融入儿童的群体，感受风，感激风，体谅风，珍惜风……与此同时，许许多多的温馨、自由、快乐也都随风而起……

一、上城国际分校葛老师——夏日炎炎，热辣辣的风

清秀可爱的葛老师，大眼睛传神得会说话。一身浅黄色的短衣裙，充满激情与活力，宛如轻盈的百灵鸟。她的教学中伴随着唱歌、猜谜语、说英语、念唐诗、听风声、看风起、做"闻花香""玩风车"游戏等多种形式的活动，多媒体教学资源运用得合理而恰当。孩子们在快节奏的师生互动中理解、感悟，利用日常生活经验的积累，表达了对风的认识和感受，也初步感受到风的两面性，从而理性地接受了风。

亮点一："听风声""看风起"。为了让风的形象更为直观地展现在孩子们的眼前，葛老师运用现代信息技术，播放了风的声音及风起时的各种景象。孩子们从一幅幅真实的画面中，感受到风的存在，从一阵阵不同分贝、不同环境的风噪声中，感受到风的力量。比起苍白无力的语言描述来说，多媒体教学资源的有效利用，确实让抽象的"风"变得"有血有肉""有风骨"了。

亮点二："闻花香"。葛老师手拿一束鲜花，藏在身后，请学生闭上眼睛闻闻。当孩子们一脸茫然的时候，葛老师用小扇轻轻地扇动那束鲜花，坐在教室前排的孩子们立刻有了反应："嗯，好香啊！"当孩子们睁开眼睛时，一瞬间就明白了风会给我们带来各种味道，有时就是季节的味道呢！

二、林店小学马老师——秋日绵绵，清亮亮的风

纯朴大方的马老师，一头精干的短发，橙色针织上衣配一条发白的牛仔裤，好似欢快的高音符号。额前随风飘逸的刘海下，闪烁着温柔的目光。她的教学清新自然。虽然没有先进的教学设备，仅仅是小黑板、录音机，以及一些随手可得的实物教具，但是，课堂上仍不乏优美的旋律、温馨的氛围、快乐的情境。相反，更多地展现了常态课的朴实，更有借鉴性。

亮点一："吹鸡毛"游戏带着浓浓的乡土气息，拉开了教学的帷幕。"谁能让鸡毛飞得最高"，一声令下，孩子们兴奋极了，吹着、笑着、比赛着。鸡毛为什么能飞起来？一语点破"天机"，自然而然引入本堂课的德育话题——风。教具如此简单，效果却如此美妙。这不正是对教育资源的合理挖掘和利用吗？

亮点二："风宝宝"形象定位。风是一种自然现象，对人类生活有利有弊。马老师对风的形象定位，是一个可爱但正在成长的宝宝，会做好事，但有时也会发脾气，让孩子觉得风儿特别亲切，以至于对风制造的灾难不仅仅是感到畏惧，而是可以理解，理解为大自然之风的坏脾气。特别值得赞扬的是，马老师引导孩子们思考："风宝宝为什么会发脾气？""怎样做才能让风宝宝不乱发脾气？"启发孩子们认真、客观地审视人类的行为，如乱砍滥伐、乱丢垃圾等，从而水到渠成，巧妙地升华了孩子们对风的认识，净化了他们的

心灵。

亮点三：操场上，马老师带领孩子们一起和风儿做游戏，转风车、吹泡泡。当孩子们看到五彩缤纷的泡泡，被风儿吹起，打着旋儿飞舞时，竟不约而同地欢呼起来："风宝宝，加油！风宝宝加油啊！"看着孩子们手舞足蹈的样子，我们感到由衷的欣慰：这不正说明孩子们明白了风的作用，正感激风的神奇力量，正与自然生活融为一体吗？爱自然之风、爱地球家园的品德教育目标，不正潜移默化地荡涤着孩子们的心灵吗？

两堂课后研讨交流的现场，可谓精彩纷呈。学科教师、骨干、新星及省市区级专家济济一堂，有赞有贬，颇有争议。辩能明智，思能生慧。在各抒己见、专家引领的过程中，我们不知不觉地收获着，成长着。

省教科院吴儒敏老师曾说过："生命是多样的，有差异的，生命的多样性、差异性使这个世界变得五彩斑斓。差异就是资源。" 两堂课例均带有一定的城乡差异：城里的孩子对风的感受，可能来自爸爸的汽车、摩托车，妈妈的丝巾，玩滑板车时的飞驰，螺旋桨直升机模型的试飞，等等；而乡里的孩子对风的认识，可能就来自田野里稻草人的衣襟，带着降落伞乘风播种的蒲公英，一把迎风撑起的小雨伞，等等。课堂上，教师有效联系孩子的生活实际感受风、理解风，再补充差异性资料，拓宽孩子的视野，打开城乡区域局限，促进学生的发展，逐步实现教育均衡。

差异构成多彩的生命世界，那么活动当然不能局限孩子们的思维。比如与风儿做游戏有太多可取的形式，不仅仅是风车、吹泡泡。还有放风筝、赛纸飞机、赛纸船、掀翻宝（用手掌拍击地面，靠气流掀翻地上的纸叠）、小纸条测风向和风力等，多少有趣的活动啊！如果能激发孩子们的智慧，那么想象力丰富、思维大胆的孩子，就一定能回报我们更多的创意！这不正是我们提倡和追求的创新吗？而我们的课堂不正是为了培养孩子们热爱生活、学会生活，能独立自主地生活吗？

俯下身子　感受心灵

葛卫玲

我们常说备课需要备教材、备教案、备学生。备教材和教案是自身的钻研、思考，而备学生更多的需要是教师的换位，把自己当成学生，用学生的眼睛去看教材，用学生的思维去想问题，用学生的行动去学知识。在教学《做个"快乐鸟"》这一课时我俯下身子，注视着学生们的眼睛，倾听着学生们的发言，感受着学生们的快乐，让自己和学生们一起成为快乐鸟。

片段一

（在"发现快乐"这个活动环节中）我正在引导学生回忆生活中快乐的事，并把这些故事讲分享给大家时，突然出现了一个意外的"小插曲"。

辰辰（带着哭腔）：老师，龙龙把我的手指弄破了。（众生好奇，纷纷离开座位去看）

师（立刻摸着他的手指）：辰辰是男子汉，要勇敢！（环视众学生）同学们谁能帮助龙龙让他忘了疼痛，快乐起来呢？

生甲：我有餐巾纸，给辰辰包一下手指吧！

生乙：我给你吹一吹，就不疼了。

生丙：我给你说一个笑话，就会忘记疼痛的。

龙龙（不好意思地）：辰辰对不起，我不是故意的，请你原谅我吧！

辰辰：没关系，我也要勇敢一点！

在大家的帮助下，辰辰破涕为笑，老师抓住时机访问辰辰：辰辰，现在还疼吗？

辰辰：不疼了。

师：听了大家的话，你心里怎么想的？

辰辰：我想谢谢大家的帮助。

师：在大家的帮助下，辰辰不哭了。看见辰辰又笑了，你们是怎么想的？

生甲：能帮助辰辰我很高兴！

生乙：辰辰笑了，我也感到快乐！

师：同学们做得真好！帮助了辰辰，他高兴了，我们自己也感到快乐，你们可真是一群快乐鸟啊！

在低年级的课堂上，常常会有一些意外的事件发生，从而打乱了原来预设的教学过程。这个案例原来的预设目标是通过课前找一找学习、生活中快乐的事来感受、分享快乐，没想到中途出现了这段意外的插曲。走入学生的心灵，亲近学生不光是面容的和蔼可亲，摸摸他的脑袋，拍拍他的脸蛋，而是应该站在他的高度，设身处地地为他想一想。试想一下当自己受到伤害时，最让人感到温暖的肯定是来自他人的关心，有了他人的帮助，更能减轻疼痛，早点重新快乐起来。这不正好也与本课的学习有关，希望同学们都能像小鸟一样传播快乐，帮助他人，快乐自己。这正好又是一次真实版的现场教育，所以我及时的调整教学思路，抓住这一有效的课堂资源，来实现与学生心灵的沟通。我通过引导学生对话，围绕"我们大家该怎么帮助龙龙"这个问题进行讨论，成功地铺垫了"帮助了龙龙，你有什么感想"，让学生利用已有的生活经验去主动建构"帮助他人，快乐自己"的道德内化机制，使每一位学生都能感到帮助别人所带来的心灵上的愉悦，更深地认识到自己是课堂的主人，老师是和自己一起学习的，是学习的好伙伴，敢于在课堂上和教师分享信息，共同体验着真实的课堂。

片段二

（在"我们都做'快乐鸟'"这个活动环节中）师：帮助了别人，自己也会感到快乐。你们现在谁愿意当快乐的传递者，将快乐的祝福送给伙伴和老师呢？

生甲：我祝阳阳次次考试都得一百分！

师：听了他对你的祝福，你心里怎么想的？

阳阳：我很高兴，我想对她说，也祝你次次都得一百分。

生乙：我想祝老师永远年轻漂亮！

师：真谢谢你，我听了这话比吃了蜜还甜!

生丙：我想祝所有听课的老师身体健康，天天开心!

（课堂后传来老师们会心的笑声）

生丁：我想唱一支歌送给大家!

（唱完后同学们纷纷鼓掌）师：听了同学们的掌声，你心里怎么想?

生：我很快乐!

师：正是因为你们把快乐的种子撒播到别人的心田，所以我们才会感到快乐。

只有走入学生的心灵，与学生平等对话，才能引起他们情感的共鸣，才能真正打动他们的思想，从而进行有效的教育。在送祝福这一环节里面，我努力倡导一种尊重学生意见，尊重学生发言，尊重学生情感的课堂氛围。走进学生中间，和他们交心谈心，整堂课被和谐安全、真诚信任的气氛所包围，这样学生才敢于倾诉，敢于说真心话。只有思维的火花被点燃，才能激起课堂里的点点佳词，句句妙语。

每一节成功的课例背后，需要我们教师真正地走进学生，用学生的眼光、思想、高度去欣赏、感受、分析。常言道，没有巧妙的预设就没有精彩的生成。但如果预设并没有尊重学生，不能遵循学生的特点，课堂教学进程更一味地遵循预设，课堂就会缺乏生机和乐趣，缺少生活的气息，缺乏生命的色彩，甚至本末倒置。只有在了解学生、感受学生的前提下进行预设，并时刻关注学生的一举一动，倾听他们一词一句，设身处地地帮助他们解决遇到的任何问题，教学才能真正提高实效，课堂就会显现出动态变化、生机勃勃的景象，更会现出浪花闪耀、高潮迭起的精彩。

诵经典　学做人

刘昌梅

经典是民族文化的根本，是中华文化的根基。它传承着民族基因中的最高智慧，承载着圣贤伟大的思想光辉，是先贤们对后世子孙的谆谆教诲。它所载的虽然都是常理常道，但其价值却历久弥新，是丰富的德育资源。如果让学生日日在经典诵读中浸润，定能使他们的思想受到启迪，逐渐养成博大宽厚的思想人格。

一、在经典诵读中教育学生孝敬父母，尊老爱幼

现在的孩子大都是独生子女，他们在家中过的是"衣来伸手，饭来张口"的"小公主、小皇帝"的日子。因此，他们习惯接受别人的关心、服务，不懂得要关心他人，要体贴父母。在学习《三字经》中"香九龄，能温席。孝于亲，所当执。融四岁，能让梨。悌于长，宜先知"这几句话时，我给学生讲了黄香温席、孔融让梨的故事，字里行间蕴涵父子间、兄弟间的浓浓亲情——互相体贴、关爱、谦让和照顾，看似平常、渐微，却给学生心灵以触动。在让学生谈读后的体会时，不少学生都认识到了自己的不足，有的学生说："跟孔融相比，我太惭愧了，有一次我到奶奶家去，奶奶给我和堂弟每人一个苹果，堂弟的比我大，我就怪奶奶偏心，喜欢孙子，不喜欢孙女。现在想来，我跟孔融相比真是太差劲了，我都八8岁了，还计较这些。"有的说："听了黄香的故事，我的脸红了，黄香九岁就知道在大冬天为父亲温席，我也这么大了，晚上还要父母帮我盖被子，饭菜要父母端上桌了才吃，洗脸洗脚的水还要父母为我倒好。以后，这些事我不要爸爸妈妈做了，我要自己做。"随后，我又补充了孟郊的《游子吟》："慈母手中线，游子身上衣。临行密密缝，意恐迟迟归。谁言寸草心，报得三春晖。"孟子的"爱人者人恒爱之，敬人者人恒敬之""老吾老以及人之老，幼吾幼以及人之幼"让学生懂得了要孝敬父母，友爱兄弟；要报答如春日般广博而温暖的母爱；还懂得了不

仅要爱自己家的老人，也要同样对待别的老人。通过学习国学经典，中华传统文化的根深深地扎入了孩子们幼小的心灵中。

二、在经典诵读中教育学生珍惜时间，勤奋学习

富裕的生活，给孩子创造了优越的物质条件，但同时，也宠坏了一些孩子。有的孩子凡事依赖，回家作业要父母陪在身边做，课堂作业要老师盯着做；有的孩子希望取得好成绩，但又期望不要做作业；有的孩子自恃头脑聪明，上课不专心听讲，作业不认真做，一副"我是天才我怕谁"的想法。为此，我给学生讲王安石《伤仲永》的故事，让学生诵读《古今贤文 劝学篇》中的"三天打鱼，两天晒网。三心二意，一事无成。师傅领进门，修行在自身。熟能生巧，业精于勤"的句子。"若使年华虚度过，到老空留后悔心。书到用时方恨少，事非经过不知难。"的名言，让学生背诵《汉乐府民歌》中"百川东到海，何时复西归？少壮不努力，老大徒伤悲"的诗句，还让他们抄写名言，如鲁迅："哪里有天才，我是把别人喝咖啡的工夫都用在工作上。"爱迪生："天才是百分之九十九的汗水加百分之一的灵感。"让学生从中知道世上没有天才，只有勤奋努力地学习，自己深入地钻研，才能取得骄人的成绩。如果学习三心二意，不思进取，终将自食苦果，流下后悔的眼泪。

三、在经典诵读中教育学生学会合作，互相帮助

在校园中一起学习、生活，学生经常接触的除了老师，更多的是同学。但有的孩子就是不会和同学相处，经常产生一些矛盾。如课间活动时碰撞了一下，便不依不饶，拳脚相向；做作业时，有的同学胳膊肘儿超过了线，另一方便一个胳膊肘儿撞回去……诸如此类鸡毛蒜皮的事，学生都斤斤计较。于是我让学生读《古今贤文·合作篇》中的"知己知彼，将心比心。远水难救近火，远亲不如近邻。豆角开花藤牵藤，朋友相处心连心"。这些话，学生读后，心领神会，懂得同学之间要团结友爱，不能为了一点小事闹得面红耳赤。做人要心胸宽广，"不以恶小而为之，不以善小而不为。"学习了《古今

贤文·合作篇》"人心齐，泰山移。独脚难行，孤掌难鸣。水涨船高，柴多火旺。三个臭皮匠，赛过诸葛亮。一块砖头砌不成墙，一根木头盖不成房。一根篱笆三个桩，一个好汉三个帮。一根竹竿容易弯，三根麻绳难扯断。一花独放不是春，万紫千红春满园"。通过这些话，我让学生寻找班级活动搞不起来的原因，学生认识到开展活动时，因为大多数同学把班级活动只当作是几个同学的事，其余同学就像看电视上的文艺节目一样，只是自己当成一个观众，而没有当成集体活动中的一员。要想把班级活动搞得有声有色，就要大家出主意，想办法，共同参与，只要"人心齐"，就能"泰山移"。

文化经典是财富，是蕴含着民族精神的精华，正是通过文化经典，我们的民族精神才得以传播、传承和发展。在老师的引导下，同学们在诵读、体验的过程中逐渐学到了很多做人的道理。但是，传统道德的内容也要加以甄别，因此，我们不能犯不加区分的"拿来主义"的错误，而应该批判地继承吸收，取其精华，去其糟粕。我们还要把传统道德生活化、现代化，避免空洞的说教和脱离社会现实，要与学生的身心发展相一致，把文化经典作为我们时代精神的源头，发展我们的时代精神，让中华民族的传统美德焕发出新的光辉！